文章がうまくなる
コピーライターの読書術

鈴木康之

nbb
日経ビジネス人文庫

この本は、
前著『名作コピーに学ぶ読ませる文章の書き方』（日経ビジネス人文庫）を
読んでいただいた、思いがけない大勢の方々からの声におされて、
生まれた姉妹版です。
いい文章を上手に書くために、今度はいい文章を上手に読む本です。

文章がうまくなるコピーライターの読書術　目次

まえがき

第1部 コピーライターは手紙のつもりで書いている

第2部　コピーライターはこう書き、こう読む

第6部 読書家の夢は比べ読みの長旅である

第7部　好きならばこそ

第8部　読み書きトレーニング
自由参加型読書のすすめ

本書中の広告作品のほとんどは、東京コピーライターズクラブ編『コピー年鑑』から転載し、データ処理をしました。

組版／データ処理　ティータイム

まえがき

日本の文章は世界一

日本の文章、世界一のご馳走です。日本は、日本文字という世界一美しい「文字の幸」に恵まれています。日本語という世界一美しい「言葉の幸」に恵まれています。日本人は生まれるとすぐに耳から世界一豊かな言葉を音として覚えます。そしてすぐに、その音がどういうひらがなで書かれ、あるものはカタカナで書かれ、まるで絵のような漢字で書かれるものかを、覚えながら育ちます。

日本人の物書きは、世界一美しい「文字の幸」と世界一美しい「言葉の幸」という恵みを、四季の繰り返しの中で自然に身についた世界一豊かな感性で、文章という料理をつくり、紙のお皿の上に盛りつける、世界に稀なる幸せな料理人です。

しかもそれを見事に味わい、食べる、世界一の読書能力を持った読書人が古来、日本人なのだから、料理人としてこれ以上の幸せはないでしょう。

ところが、目に美しく盛られ、鼻先に香《かぐわ》しく、口当たりよろしく、味わい深く、歯ごたえ楽しいそんなご馳走を、ことあろうに、よく噛みしめもせず、まるで飲み込むように読み飛ばす人が、最近少なくないのだとか。

遅読、楽読のすすめ

昨今、速読が成功法のように言われます。月に何十冊も読みこなすのが偉いことのように言われます。

1年に何百冊もの本を読むなどという速読は単なる徒労です。その類《たぐい》の本の書評を仕事にしている人ならともかく、書物を愛し、書き手を尊敬し、読書を趣味としている人のやるべきことではありません。

資料あさりや、義理やズルで読んだつもりや、目を通すビジネス・ワークならともかく、猛スピードの速読や、馬食のような大量読みは、はっきり言って読書ではありません。

なぜなら、書き手はゆっくりじっくり考え、思い入れ深く、意味深く、書いています。そういう書き手と対等につきあうのが読書です。

もっと遅く読みましょう。文字と言葉を味わいましょう。書き手と一緒に楽しんで、

16

もっとスロー&フリー・リーディング。

速読なんて、あなたの頭を駄目にし、人生の時間の無駄。日本語文化を衰退させる罪深い行いです。

第1部

コピーライターは手紙のつもりで書いている

いまいちばんの人

コピーライターは読書が好きです。言葉が好きです。文字そのものが好きです。仕事だから当然でしょ、と言われればそれまでですが、仕事である以前に好きです。

本来人間みんなそうであるはずなのです。言葉で人とつきあい、言葉で生きているのですから。誤解を恐れずに言うと、人間、言葉でなんでもできる。恋も仕事もスポーツも言葉でできる。人の心も、仕事の質も効率も、社会や世界の動きも、当然歴史の流れも、変えることができる。先人たちはやってきました。

言葉は無力だ、ともよく言います。現実によくあります。それは「言葉は無力」なのではなく、「その言葉が無力」だということです。力になる言葉が見つかっていないだけのことです。

私はそう信じています。言葉でなんでもできると言いながら、かなりのことはできていると思いますが、まだまだできないことがたくさんあります。それは言葉の力のせいではありません。私個人に言葉の能力がまだまだ身についていないだけのことです。言葉を見つける能力か、さもなければその能力はあるのに、見つけ出す努力が足りないだけのこと。そう思います。

コピーライターのいまいちばんの名手を紹介します。岩崎俊一さんです。「いちばん」といっても人気投票第1位とか、広告賞受賞点数第1位とか、所得番付第1位とか、光っているとか、機嫌がいいとか、そういうことではありません。「いちばん」というのは理屈上1人しかいないはずですが、私には、いまいちばんの名コピーライターたちの名前を何人かあげられます。

作文教室の生徒が「いまいちばんのコピーライターたち」と書いたら、「こら、いちばんは1人だ。たちはないだろう」とか「岩崎さんを賛えるのなら、いまいちばんなどという曖昧語ではなく、岩崎さんの冠になる最適の言葉を見つけなさい」とチェックを入れるでしょう。しかし哀れ、そういう私は、岩崎さんの名前に冠する恰好な名コピーが見つけられません。岩崎さんなら見つけるでしょう。そこが岩崎さんたち「いまいちばん」の名コピーライターたちと「いまや過去の人」私との大差です。私が人のコピーを賛えて本を書いているのに、人は私のコピーを賛えて本を書いてくれないという、いかんともし難い現実の大差です。

ひがみっぽい自己紹介はこのぐらいにして、岩崎さんの話を早くしましょう。

岩崎俊一さんのコピー作品は前著『名作コピーに学ぶ読ませる文章の書き方』（巻末

資料1）に共作も含め3作品も掲載させてもらっています。（その点で、いちばんです！ああよかった）

年賀状は、贈り物だと思う。
（日本郵政の年賀状キャンペーン）

人は、
書くことと、消すことで、
書いている。
（トンボ鉛筆の消しゴム）

などです。ヘッドラインも優れていますが、これに続くボディコピーの名文の書き手として間違いなくいまいちばん（これは確か）です。まだ読んでない人はぜひ読んでください。

岩崎さんは最近長年にわたるコピー作品を1冊の本にまとめて出版しました。『幸福を見つめるコピー』（巻末資料2）というタイトルも表紙の見映えもきれいな本です。コピー作品だけでなくエッセイも書き下ろして収録してあります。一般の書店の平台に積まれ、めでたいことに発売直後に重版となりました。

私からのいまいちばん（あ、また書いた）のお薦めの本です。

手紙文のコピー

1988年ごろ、岩崎さんは積水ハウスの「イズ・ステージ」という戸建て住宅の新聞広告をシリーズで作っていました。ハイグレード製品の「イズ・ステージ」には「街の財産、でもある」というスローガンがつきました。住人個人の財産であることを超えて、その通りの、その街並みの、その街の財産にもなるというポジショニングに設定してブランドイメージの構築に努めました。広告主は岩崎さんの芳純な文章の力にそれを委ねました。

幸運にも広告主に広告表現にたいへん理解のある人がいて、岩崎さんはコピーライターになって以来念願していたコピーが書けました。それは、手紙文のコピーです。

シリーズの1点をここに紹介します。ヘッドラインは、

——土曜のイヴは六年来ない。

です。ふつうはキャッチフレーズと言いますが、私は岩崎さんの仕事の場合は、なぜかキャッチフレーズというささかアカのついた商業主義的な広告用語を使いたくない気持ちがするのです。ボディコピーの1行目という意味合いの濃い表現ですので、ヘッドラインという用語のほうがふさわしい。少し理解してもらい難いかもしれませんが、岩崎コピーへの私の思いです。

暦の巡り合わせで土曜日のクリスマス・イブは六年に一度しか巡ってこないのだそうですね。

——

今年のイヴは土曜日ね、という娘の声に、

それじゃ珍しく一家五人がそろうかもしれないわね、

と女房が思わぬはしゃぎ声で答えています。

そんなやりとりに、ぼくはちょっと胸をつかれる思いがします。

そうか。女房はそんなことを願っていたのか、

といまさらながらに気づくのです。ここ数年、子どもたち

コピーライター／岩崎俊一
積水ハウス／「土曜のイヴ」／新聞広告全10段
『コピー年鑑1989』より

(といっても長男は二十二歳ですが)の成長を見ながら、
それを喜ぶ気持の裏側で、どこかさびしい思いがしていたのは
僕だけではないのですね。最近めったにないことですが、
夕食に全員がそろい、冗談を言いあっている時など、
ふと子どもたちの成長がピタリととまり、
ずっとこのままでいられたらなんて
君に笑われそうな空想をしたりすることもあります。
君とぼくが遊び歩いていた大学生の頃、
ぼくたちの親も、そんな思いをしていたのでしょうか。
また一年が暮れて行きます。今年も、お互い元気で何よりでした。
娘によると、今度の土曜のイヴは六年先になるそうです。
その間、君やぼくの家族に、どんな変化が
おきているのでしょうね。せっかくのカレンダーの心配りです。
今年のイヴは外に飲みに行かないように。
お正月は、全員でわが家に来てください。
街の財産、でもある。イズ・ステージ

ふつうの一人称コピーなのかなと思って読んでいたら、13、14行目で、「君」宛ての手紙で、大学以来の親友だということも読み取れます。終わりの数行で、新築したわが家のお披露目に親友の家族を呼ぶ招待状だということが分かります。人生ようやくにして築いた自慢のわが城に、それも、「街の財産、でもある」自慢の家へ。

コピーとして読むのであれ、実際の手紙として読むのであれ、この1文の伝えたいことは、「ようやくにして家を建てました」「今度のクリスマス・イブにお披露目したいのでぜひご家族おそろいでおいでください」です。

そのことを早く伝えたいのに、すぐには書かない。「自慢の城を持てた」のだからそう書きたい。しかし「自慢の」という語は一度たりとも使っていません。その喜びを、家族たちの喜びまでをも、書き出しの3行で、家族たちの情景描写で表現しています。さらに私が唸ったのは、その中にさりげなく書き込まれた「珍しく一家五人がそろう」の一言です。長男が22歳ともあります。父・私はまもなく50歳になるでしょう。これまではイブもなく三連休もなく、会社とそのつきあいを優先させる立場であり、生活であった人でしょう。「ようやくにして築いた城」と書かなくてもその感慨は「イズ・ステージ」のターゲット読者ならよく分かります。

終わりまであと4行のところまで読んできて、私の唸りは声になりました。ふつうなら「ぜひお越しください」と書くご招待のモチベーションを、

——せっかくのカレンダーの心配りです。

と書くセンス。岩崎さんのコピーにはこういう技が宝石箱のように詰まっています。だから、いまいちばんと私は言うのです。

読書体験の遺伝子

岩崎さんの読書歴は夏目漱石の『こころ』の深い感動から始まっているそうです。「10代のときでした。心に痛切に刻まれたのは、漱石の『こころ』の「下　先生と遺書」です。話の中身はもうおぼろですが、その手紙文の心地よいリズムに陶然としたことを覚えています。手紙文と言えば、その何年か後に読んだ井上靖の『猟銃』。これは3通の手紙で構成された小説なのですが、いつか自分も、こんな文章を書いてみたいと強く思っていたものです」

岩崎さんは『こころ』(巻末資料3)の「下　先生と遺書」を読み返し、たとえばこの部分ですと3ヶ所を抜粋してくれました。

(抜粋1)

貴方は現代の思想問題に就いて、よく私に議論を向けた事を記憶しているでしょう。私のそれに対する態度もよく解っているでしょう。私はあなたの意見を軽蔑《けいべつ》までしなかったけれども、決して尊敬を払い得る程度にはなれなかった。あなたの考えには何等の背景もなかったし、あなたは自分の過去を有《も》つには余りに若過ぎたからです。私は時々笑った。あなたは物足《ものた》りなそうな顔をちょいちょい私に見せた。その極《きょく》あなたは私の過去を絵巻物のように、あなたの前に展開してくれと逼《せま》った。私はその時心のうちで、始めて貴方を尊敬した。あなたが無遠慮に私の腹の中から、或生きたものを捕《つら》まえようという決心を見せたからです。私の心臓を立ち割って、温かく流れる血潮を啜《すす》ろうとしたからです。その時私はまだ生きていた。死ぬのが厭であった。それで他日を約して、あなたの要求を斥《しり》ぞけてしまった。私は今自分で自分の心臓を破って、その血をあなたの顔に浴せかけようとしているのです。私の鼓動が停った時、あなたの胸に新らしい命が宿る事が出来るなら満足です。

(抜粋2)

話が本筋をはずれると、分り悪《にく》くなりますからまたあとへ引き返しましょう。これでも私はこの長い手紙を書くのに、私と同じ地位に置かれた他《ほか》の人と比べたら、或は多少落ち付いていやしないかと思っているのです。世の中が眠ると聞こえだすあの電車の響ももう途絶えました。雨戸の外にはいつの間にか憐《あわ》れな虫の声が、露の秋をまた忍びやかに思い出させるような調子で微《かす》かに鳴いています。何も知らない妻《さい》は次の室《へや》で無邪気にすやすや寐入《ねい》っています。私が筆を執ると、一字一劃《かく》が出来上りつつペンの先で鳴っています。私は寧ろ落付いた気分で紙に向っているのです。不馴《ふなれ》のためにペンが横へ外《そ》れるかも知れませんが、頭が悩乱して筆がしどろに走るのではないように思います。

4行目の「雨戸の外」から「ペンの先で鳴っています。」までを岩崎さんは色鉛筆でくくってくれました。

（抜粋3）

記憶して下さい。私はこんな風にして生きて来たのです。始めて貴方に鎌倉で会った時も、貴方と一所に郊外を散歩した時も、私の気分に大した変りはなかったのです。私の後《うしろ》には何時でも黒い影が括《く》ッ付いていました。私は妻のために、命を引きずって世の中を歩いていたようなものです。貴方が卒業して国へ帰る時も同じ事でした。九月になったらまた貴方に会おうと約束した私は、嘘《うそ》を吐《つ》いたのではありません。全く会う気でいたのです。秋が去って、冬が来て、その冬が尽きても、きっと会う積りでいたのです。

『こころ』の読書体験から岩崎さんが学んだ文章術がいくつもあるそうです。それは手紙文のもつ表現の豊かな可能性だと言います。

「まず、リフレインによるリズムの心地よさ。2つ目は、「ですます文」の中に「である文」を混入させてもよいのだということ。それもとてもリズムが心地よく。3つ目は文章の流れの中にとつぜん、風物の描写を入れること（筆者註・それが抜粋2の「雨戸の外」のくだりです）。そして4つ目、「記憶して下さい」のような要望調の文言を入れる変化のつけ方。これは手紙文ならではの相手への迫り方だと思います」

夏目漱石は日本の国民的作家の一人です。新潮文庫『こころ』の解説によると、毎年秋の読書週間に行われる中高校生の読書調査では現代の人気作家の作品と肩を並べて『坊っちゃん』や『こころ』が上位に上がるそうです。漱石は『こころ』が朝日新聞に連載されていた時、自らの作品の広告コピーを書いたそうです。

――人間の心を研究する者は、この小説を読め。

作家自らそう言うように、人間の内面洞察が深く、重みがあるのですが、多くの読者が一度手にし、読み出したら放せなくなるのは、その内容だけでなく、手紙文としての文章の平明さと、日本語の語りかけの格調と、文脈の変化の面白さのためではないかと思います。だから「1冊の本とつきあった」という読後感が残ります。

手紙文の効用

岩崎さんは若いころの読書体験の記憶から、『こころ』ともう1冊、井上靖の『猟銃』

をあげました。『猟銃』（巻末資料4）は正確に言えば、4通の書簡からなる小説です。最初の1通は話の中心になる男性からのもので、あとの3通は、これをきっかけに登場し、それぞれの存在の絡みが明るみに出る3人の女性の手紙です。話の主題はシェイクスピアの作品のような愛憎と裏切りの凄い話です。岩崎少年がこんな大人の憎悪の話に読み耽ったのかと思うと、人間とは面白い生きものだとつくづくおかしくなりますが、実際はどうであったにせよ、それぞれの手紙文が岩崎少年の日本語読書欲を大いに満たしたものであることは想像に難くありません。

3人の女性の手紙。秘められた怨念や軽蔑はともかくとして、いずれもこれが書かれた昭和中期の上流の人びとの、礼をわきまえた、丁寧で、静謐《せいひつ》で、相手を思いやる美しい日本語で、いずれも長々縷々《るる》と綴られています。それぞれの書き出しと中のひとくだりを抜粋します。お読みください。

おじさま、穣介おじさま。

母さんがお亡くなりになってから、早いもので、もう三週間経ちました。昨日あたりからお悔み客もなくなり、おうちの中も急にひっそりして、母さんがもうこの世にいないのだ。と言う淋しさが、漸く実感となって、心にしみ込んで来るようになりました。おじさまは随分お疲れでございましたでしょう。お葬儀一切の事、親戚への御通知からお通夜のお夜食の御心配まで、何から何までなさった上、母さんの死があんな特別なものでしたから、警察へも私に代って何回もお運びになり、万端御配慮戴きました事は、何ともお礼の申上げようもない次第でございます。

おじさま、申上げましょうか、薔子は知って居りますの、おじさまと母さんのことを。——何もかも、母さんがお亡くなりになる前日に知ったのです。

………

三杉穣介様。

斯う改まって貴方のお名前を認めると、年甲斐もなく（と申しましても、わたくしはまだ三十三でございます）まるで恋文でも綴るように心がときめいて参ります。考えると、私はここ十年程の間に、時には貴方にこっそりと、時にはおおっぴらに何十本かの恋文を書いて参りましたが、その中についぞ一本も貴方宛のものがなかったと言う事は、一体これはどうした事でございましょう。

お別れの手紙を書くと言うのは何と難しい事で御座いましょう。めそめそするのも嫌、余りはきはきするのも嫌。お互いに傷つかない綺麗なお別れの申し出をしたいのですが、どうも変なポーズが文章に出て参ります。どうせお別れの手紙なんて、誰が書いても美しい手紙にはならぬもので御座いましょう。それなら、いっそ、お別れの手紙らしく、つんとした冷たい手紙をお書き致しましょう。

………

貴方がこのお手紙をお読みなさる時は、私はもうこの世にはいないのです。死と言うものがどう言うものか存じませんが、兎に角、私の悦びも苦しみも悩みも、もうこの世には存在していない事だけは確かです。貴方の事を考えるこんな沢山の思いも、薔子を取りまいて後から後から沸き出て来るこの思いも、もうこの地球上からは消えてなくなっているのです。私の肉体も私の心も、なんにもなくなっているのです。

女学校の二年か三年の頃のことでした。英文法の試験の時、動詞の能動態《アクティブ》と受動態《パッシブ》の問題が出たことがあります。打つ、打たれる、見る、見られる、そうした沢山の単語の中に混って、愛する、愛されると言う二様の眩ゆい言葉が並んで居りました。皆が鉛筆をなめなめ問題と睨めっこしている最中、たれの悪戯だったでしょうか、背後から一枚の紙片がそっと廻って参りました、見るとそれには、貴嬢は愛することを希《のぞ》むや、愛されることを希むや、と二様の文句が二様に認められてありました。そして愛されることを希むという文字の下には、インキや青や赤思い思いの鉛筆で、沢山のまる印しがつけられてあり、一方の愛することを希むという欄には、ただ一つの共鳴者のサインも付せられていないのでした。私の場合もまた決して例外ではなく、愛されることを希むという文字の下に、一個の小さいまるを付加したものでした。

書き手と読み手のゲーム

前著『名作コピーに学ぶ読ませる文章の書き方』でも、文章は書くものではなく、読んでもらうもの、と文章というものの本来的な存在理由《レゾン・デートル》を説きました。それは実用文を意識してのことです。最後の行まで読んでもらうために、そして、書き手が意図することをちゃんと読み取ってもらうために、実用文は読み手の心との1字、1句、1行、1文のゲームである、とも繰り返し書きました。

それは日常の会話でもそうではありませんか。

岩崎さんの前述『幸福を見つめるコピー』の中からエッセイを1点転載させてもらいます。（あとは、かならず本を買って全部読んで楽しんでくださいよ）

父親失格

僕には、娘がふたりいる。

長女は、僕が二十四歳の時に生まれた。世間より少し若く、父親になった。かなり早いうちから「父親の気分」を味わっていたわけだ。そして、あたりまえのように、「父親の立場」でコピーを書いていた。裏を返せば、「子どもネタ」である。

たぶん、得意ジャンルだと思っていたはずである。自分は人より早く父親をやっているのだから、人には書けないものが書けてあたりまえだ、と。

ある日、家でテレビを見ていた。向かい側に、中学生と小学校高学年になっていた娘たちがすわっている。

ミキハウスのCMだったろうか。いや、長女が中学生だとすると、ソニーのベータムービーのCMだ。画面には、学芸会で「木」の役というきわめつけの脇役を演じる少女がいて、主役の子をそっちのけで、ビデオカメラを持ってその少女を撮る男がいる。そこにナレーションが入る。「お父さんが撮ると、私が主役になるから、不思議だな。」

それを見ていた僕が、ほんとになにげなく言った。

「あ、これ、俺がつくったんだよ」

娘たちが返す言葉を聞いて、僕はビックリした。

「よっく言うよ」

顔を見あわせ、口をとんがらせ、心の底からやってくる冷ややかな声でそう言うのだ。

父親参観に来ない。運動会にも学芸会にも来たことがない父親が、どのツラ下げてそう言うのか。どの口がそうほざくのか。

そんな言葉を使ってはないが、口調はあきらかにそう言っている。ショックだった。と同時に顔から火が出た。わかったような顔をして「父親コピー」を書いていたけれど、娘たちから見たらぜんぜん「父親になっていない」のである。

このカン違いはどこから来たのだろう。思い当たることはある。

僕は、コピーを考えながら、いつも、ずっと父親をしていたのである。校庭を走る娘。体育館で劇に出ている娘。歌う娘。教室で答える娘。友だちと一緒に歩く娘。笑う顔、泣きべそをかく顔。

それを、頭の中でけんめいにシミュレーションしながら、僕の心の中におこるさまざまな感情を、もうひとりの僕が取材している。

つまり、コピーを考えているあいだ、ずうっと娘と一緒にいるわけである。けっこう濃い時間を一緒にすごしている。これは言い訳ではなく、僕の中には、娘から一瞬も目を離さない、とても娘思いの父親がいるのである。

何か弁明しなければ、と考える悲しいコピーライターの前で、娘たちは冷たく言い放った。

「グレなかっただけでもありがたいと思いなさい」

企画書も手紙文で書く

昔、米国の有名なコピーライターが「広告コピーは消費者へのラブレターである」と言った、と教わりました。その人の名前は忘れました。高度経済成長が始まろうとしていた当時の若いコピーライターはみんな、そうかそうかと頷いたものです。電気洗濯機、電気掃除機、カメラ、マイカーなどメーカーの新製品は持っていない消費者への贈り物であり、それをもってコピーライターは「きっとあなたを幸せにしてみせます」とプロポーズするのが仕事でした。

A社でもB社でもC社でも同様のものを作るようになると、我こそはという自画自賛のラブレター競争になってきました。我こそはの自慢の技巧に走るようになりました。やがてそれが賢い消費者に見破られるようになりました。オイルショックで高度経済成長に急ブレーキがかかって、時代に反省期が訪れたのは決して悪いことではありませんでした。一緒に考えませんか、という生活提案広告や人間性を重視するアプローチが始まりました。

いまどきは、「きっと幸せにします」のラブレター広告では通じません。遠回しの見学会のご案内であったり、誓約書であったり、単なる大安売りの旗のようであったり、ご機嫌伺いであったり、時には、謹告、謝罪であったり……。

でも、コピーが手紙《レター》であることには変わりありません。広告コピーにかぎらずコミュニケーションの世界を広い目で見たいと思います。すべての文章は手紙です。極端に言えば、誰が読むか分からない宛名不明の文章でも、村の波打ち際から大洋の潮の流れに託するガラス瓶の中の手紙のように、いつか、誰かに。

少なくともふつうの文章は誰かに読んでもらうためのもの、読んでもらいたいものです。ビジネス文書ならなおさらのことです。

岩崎さんからとびきり嬉しい話を聞きました。「ぼくは企画書を広告主企業のトップや担当部長への手紙として書く」と言ったのです！

相手先にとっていきなり関心事の高い話題、しかもなにかしら問題解決の匂いのする魅力的な手紙文です。広告主側の、読む人の顔が思い浮かぶのです。まず第一の読者である広告代理店の担当者たちが、いつも岩崎さんが書いてくる「手紙」を楽しみにしているそうです。

岩崎さんの「企画書は手紙だ」は、さすがです。手紙は個人が個人に文字で綴る文章のもっとも直接的で象徴的なものです。あらゆる文章は手紙であるべきなのです。ところがそこを間違えやすい。書くものが新聞広告だと思うと、読者はその新聞読者のみんななのだと思いがちです。マーケティング上のターゲット層という群れなのだと思いがちです。書くものが企画書だと思うと、読み手は企業のトップ、担当役員から宣伝部の担当者たち、会議に参加する営業部の担当者たちだと思いがちです。「企業」という組織が読み手だと思いがちです。

その意識が間違いの元です。読み手みんなが一堂に会して一斉に読むわけではありません。みんな一人一人、みんな生身の人間個人として、それぞれに読むのです。あたかもその人一人宛の封筒の中の便箋を広げたときのように。

広告コピーも、企画書も、その他の文章すべて、読者は単独です。手紙のように読みます。ですから、岩崎さんたちのような、いまいちばんのコピーライターたちは、すべてを手紙のように書くのです。

企画書というものの公式の、儀礼的な、陳腐な、無駄な、くどくどしい前段の書式など飛ばして、1枚目からいきなり、

「○○は○○ではないでしょうか」とか、

「いま私たちは○○になりつつあります」とか、

お話として呼びかけるわけです。講演のうまい人のツカミの第一声もこの手です。あとの話の展開も極めて平易、しかし説得力のある話し言葉です。

じつは私もプレゼンテーションでのあの分厚い企画書というものを胡散《うさん》臭く思ってきました。自分が読み手なら読む気はしないし、私自身が企画を提案する場合もあんなものは書く気がしません。読んでくれるわけがないと思うからです。だいいち、分厚い企画書を渡されて愉快に思う人がいるでしょうか。やれやれと気が重くなるだけではありませんか。そんな思いをさせるくどくどしい企画書を先に差し出すようなプレゼンテーションは、その時点ですでに減点です。

私はメモ式です。広告のコンセプト、キャンペーンのコンセプトのメモ書きです。A4サイズの紙に1、2行の言葉で書き、3、4枚ぐらいで言葉の紙芝居のようにしてめくって見せます。時には写真なども挟みます。いずれにせよなるべく簡単にすませ、企画そのもの、私たちで言えば本案のキャッチフレーズや広告のラフを見せます。大体、広告や広告コピーに説明が先行すること自体、現実的ではありません。いきなり本番。それが広告です。新聞で24年間同じレイアウトフォーマットで某社の企業広告シリーズをやらせてもらいましたが、いつも企画書はなし。毎度コピー全文をはめこんだラフ原稿をいきなり見せるだけでした。長い間に一度か二度、宣伝部長がよく飲み込めないらしく繰り返し説明を求められることがありました。コピーの表現力が足りないわけで、お辞儀して即退席して出直しました。

ビジネス世界での企画書やプレゼンテーションも、前置きなし、いきなり本論、いきなり実物。説明は、鈍くて分からない人にはあとから説いてあげればいい。

手紙文の企画書は、単純平明、しかも魅力的で誘引的です。会議室のみんなが、前掲のエッセイ「父親失格」に描かれているように、人間の気持ちに鋭敏で、しっかり想像し合い、反応し合う岩崎家の家族たちのようになるでしょう。

この気持ちの想像ゲームの基本は「観察」というトレーニングで養うものです。人間観察、社会観察、時代観察……。第７部での勉強課題です。

小さな手紙広告

岩崎さんと手紙と言えば、坂本進さんの「小さな手紙」に思いが飛びます。

新聞の記事面の左右の下にツキダシという小さな広告スペースがありますね。坂本さんは、西武百貨店のツキダシ広告を６、７年間作り続けていました。毎年「小さなカタログ」「ピックアップ西武」「小さな手紙」といったシリーズタイトルで、商品や催事が観察眼の行き届いたコピーで紹介され、ファンの読者がついていていました。

小さな手紙　7月3日㈭
永六輔サンの引っ越し。

中年ご三家の一人、永六輔サン。どうした風の吹きまわしか、シブヤ西武に単身仮住まいをしているのです。七月八日㈫までおりますが、ニギヤカな人ですから、にわか大家になった西武も少々気がもめます。引っ越し先はエイ館にあらずB館七階。転居のさい、永家家宝、写真、自作陶芸、珍品をそれぞれ六点持ち出して来てお客さまにお見せしています。店内放送ももちろん六輔サンがやります。あの独特な声、楽しい話しぶりがほら聞こえるでしょう。
筆マメな人ですから、お客さまが贈りものに添える手紙、暑中見舞の代筆をどしどしやっています。題して「六輔七転八倒展」さてどういうことになりますやら。
六輔サンのお友達も陣中見舞にいらっしゃるかもしれません。どうぞあなたもお立ち寄りください。

（販売促進部催事担当　小田　勝四）

小さな手紙　6月5日㈭

百貨店の別名は「計量器使用指定事業場」

六月七日は計量記念日です。そして六月一日〜十日のあいだは、東京では計量旬間。

百貨店は、お買物の場であると同時に、衣料品のサイズや食料品の目方など、沢山いろいろなものをはかる場所。そこで計量の立場からの呼び名は、ちょっといかめしく「計量器使用指定事業場」といいます。この事業場には、計量士の資格を持った社員がいて、重さ長さ温度など、百貨店が日頃使うあらゆる計量器を定期的に検査して、いつも正しい計量が行なわれるように見まもっています。

計量旬間に西武では「正しい計量・楽しいショッピング」という標語を店員が胸につけ、また、お客さまがお買物の品を自由にはかれる場所を設けたりして、運動をしています。あさってが七日、お宅の計量器はいかがですか?

（商品試験室　倉林謙次）

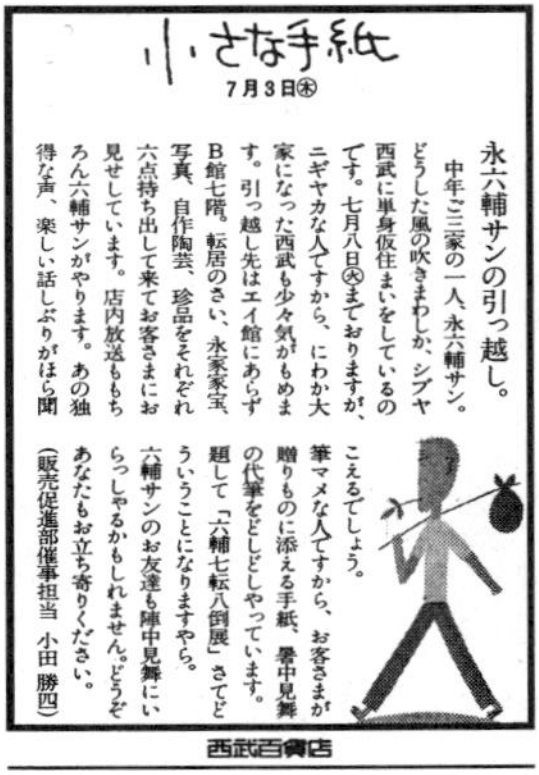

コピーライター／坂本進
西武／「小さな手紙シリーズ」／新聞ツキダシ
『コピー年鑑1976』より

この担当者名入りの手紙スタイルは、広告だけでなく広報などにも使えるアイデアとして、その後、あっちこっちで見られるようになりました。

坂本進さんは開高健さんの熱烈なファンでした。「しかし、おれはおれの文章を書く」と言って、頑なに平易な坂本コピーを模索していました。ボディコピーへのこだわりが強い人で、意気投合、『名作コピー読本』（巻末資料5）は2人で作る約束でしたが、入院し、私が1人でえっちらおっちら遅筆で書いているうちに病状悪化、ようやく上梓する直前に逝ってしまいました。

前述の岩崎俊一さんが上京して来たとき、紹介したのが坂本さんの仕事場でした。2人の「手紙」もなにかの縁《えにし》、と言うと少しこじつけっぽいかもしれませんが。

第2部

コピーライターは
こう書き、こう読む

1文字で世界を描く

こんどは、コピーライターという言葉の技術者が文章の中の1字、1語をどう書き、1字、1語をどう読むか。実例でお話ししましょう。

実例にするのは紀文のはんぺんの新聞広告です。私の大先輩のアートディレクターでありコピーライターで、「コピーの殿堂」入りをした向秀男さんが作った広告です。夕刊の最終面のテレビ・ラジオ番組表の下に四角い広告紙面がよくあるでしょう。業界用語ではラテ下全10段といいます。この広告はここに掲載されました。

はんぺんが四角いからこの四角い広告紙面を使ったのかな、というのは少し穿《うが》った見方かもしれませんが、そんなことにまで気をまわしてみないといけないほど、向さんという人は油断のならない洒落のお好きな人でした。

デパートにはデパートの洒落、クルマにはクルマの洒落、はんぺんにははんぺんの洒落がある。という文章の洒落です。年配の読者なら、「ケンとメリー、愛のスカイライン」という広告をご存知でしょう。向さんの作品でした。

このはんぺんの広告のキャッチフレーズは、

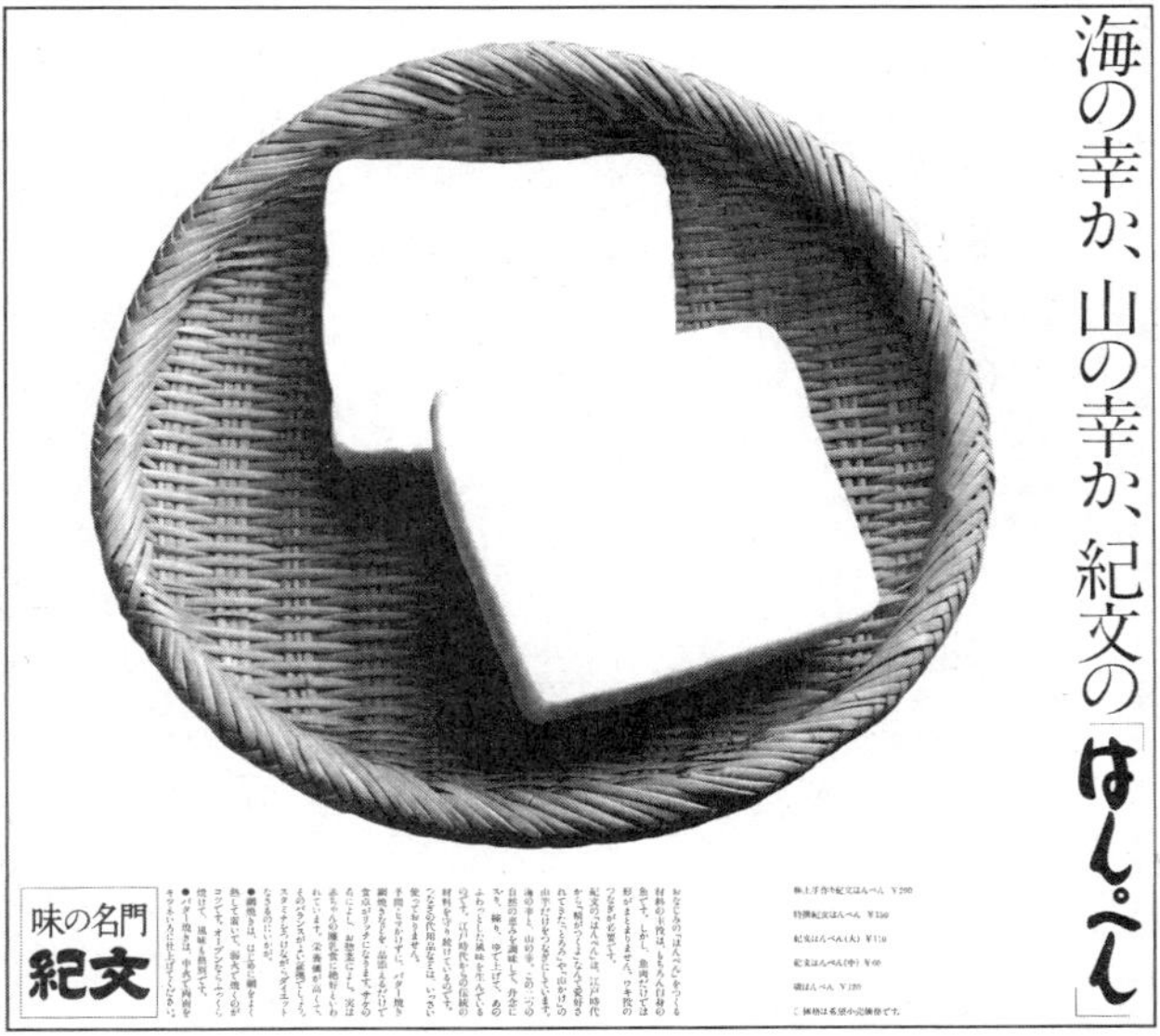

コピーライター／向秀男
紀文／「はんぺん」／新聞広告全10段
『コピー年鑑1979』より

――海の幸か、山の幸か

と、これも対句の洒落です。本文のコピー、これをボディコピーと言いますが、そこに書いてあるとおり、紀文のはんぺんは白身の魚と山芋だけで作っているからです。この対句にわざと「か」をつけ、問いかけて考えさせるところが向流の洒落です。

謎の1文字

さてどちらだと言うのだろう。ボディコピーを読もうとすると、ボディコピーの前に商品名と値書きがあります。

極上手作り紀文はんぺん ￥２００
特撰紀文はんぺん ￥１５０
紀文はんぺん（大）￥１１０
紀文はんぺん（中）￥６０
磯はんぺん￥１２０

――

○価格は希望小売価格です。

ふつうはこういう商品名と値書きは商品を説明するボディコピーの後に置かれるのが広告レイアウトの定型です。それなのに、ボディコピーの冒頭にあります。

なぜでしょうか。この広告の送り手（広告主＝紀文）と作り手（広告作者＝向さん）が、これは商品広告であるから、まず商品の名前と値段そのものから知ってくださいという気持ちがあって、その気持ちのままにレイアウトしたのだと察せられます。はんぺん作りの手前みそな能書きを長々と話す前に、まず名を名乗る、値を言う、なにか江戸商人の気合いの良さみたいなものを感じさせます。

値段を早く書くことによって、安いでしょ、お夕飯にどうぞ、とまず言いたかったのかもしれません。メーカーとしての広告ではなく、商人の広告、お買い物広告という感じが伝わってきます。コミュニケーションの要領のよさを教えられます。さらに言えば、私には江戸前の気っ風のよさ、読む側からすると快さを覚えます。

一般の手紙や、レポート、企画書などにもだいじな心遣いです。

ちょっと待ってくださいよ。よくよく見ると、この6行のブロックはたんに商品名と値書きではないのかもしれないぞ、とも思えてきます。ボディコピーはもう始まっているのかも。そうだと分かるのは6行目の○のついた1行のあり方です。このブロックが単なる商品名と値書きであるならば、6行目は単なるただし書きで、

——（価格は希望小売価格）

となっていていいはずです。ふつうはそうです。それが、

——○価格は希望小売価格です。

と話し言葉になっていて、ちゃんと句点「。」をつけて文章として結んでいます。値書きではなくて、これはもうボディコピーなのだ、と私が思う根拠です。「です。」はそう思ってもらうための、書き手のサイン、書き手の技法です。

さあ、先を読んでみましょう。ここから先にまた、向さんのコピーの油断ならない技、謎の1文字があるのです。

——おなじみの「はんぺん」をつくる

材料の主役は、もちろん白身の魚です。しかし、魚肉だけでは形がまとまりません。ワキ役のつなぎが必要です。

紀文の「はんぺん」は、江戸時代から「精がつくよ」なんて愛好されてきた「とろろ」や「山かけ」の山芋だけをつなぎにしています。海の幸と、山の幸。この二つの自然の恵みを調味して、丹念にスり、練り、ゆで上げて、あのふわっとした風味を生んでいるのです。江戸時代からの伝統の材料を守り続けているのです。つなぎの代用品などは、いっさい使っておりません。

手間・ヒマかけずに、バター焼き網焼きなどを一品添えるだけで食卓がリッチになります。サケの肴によし、お惣菜によし。実は赤ちゃんの離乳食に絶好といわれています。栄養価が高くて、そのバランスがよい証拠でしょう。スタミナをつけながらダイエットなさるのにいかが。

●網焼きは、はじめに網をよく熱して置いて、弱火で焼くのがコツです。オーブンならふっくら焼けて、風味も格別です。

●バター焼きは、中火で両面をキツネいろに仕上げてください。

この広告コピーと出会った日、私は何度も読み返しました。ビギナーは、こういういいコピー作品に出くわした時、その幸運を無駄にしないためには「写経」がいちばんいい勉強法です。ただ読むのと、書き写すのとは、実際にやってみると大違い（であることがよく分かります）。当時、私はすでにコピーの20年選手で、写経こそしませんでしたが（謙虚ではありませんね）、それをするのと同じぐらい丹念に言葉1語ずつ読み返しました。ただ、うまいなぁ、と感心しているだけでは何度読み返しても勉強したことになりません。向さんがここをなぜこう書いているか、1行ずつ観察、チェックして気にしながら読まないと、勉強したことになりません。

気にし読み

分かりきったことですが、気にしないと、気づきません。

このコピーは伝統的なはんぺん作りについて書いています。しかし、近年のインスタント食品や添加物使用食品の製造方法や味を皮肉ったりする品のよくない言い方はまったくしていません。そうかといって古きよき時代の伝統を感傷的に賛美する臭みもありません。ただひたすら謙虚に、紀文の変わらぬ律義を書いています。とくだん際立った美辞麗句は見当たらないでしょう?

何回も読み返しているうちに、私はこのボディコピーの中の4行が気になりました。気にしてみたら、向さんの1文字の味つけに気づきました。

その名人芸の手の内を明らかにします。まず、4行というのは6行目から9行目までの4行です。

紀文の「はんぺん」は、江戸時代から「精がつくよ」なんて愛好されてきた「とろろ」や「山かけ」の山芋だけをつなぎにしています。

この4行は、商品を説明する文章としては、

紀文の「はんぺん」は、…………

……………………

……………………

——山芋だけをつなぎにしています。

であってもいいはずです。伝えたい大事なことは「つなぎは山芋だけ」なのですから。
それなのに間に、

——

……江戸時代から「精がつくよ」なんて愛好されてきた「とろろ」や「山かけ」の……

という言葉が挿入されています。山芋だけをつなぎにしている紀文のはんぺん製法を伝えるためには、「精がつく」かどうかなんていうことはとくに書かなければならないことではありません。それに山芋がとろろや山かけのものだなどということはみんな知っています。

では、なぜ「江戸時代から〜山かけの」が挿入されているのでしょうか。答えは次のとおりです。ボディコピーの中ほどに、

――……江戸時代からの伝統の材料を守り続けているのです。つなぎの代用品などは、いっさい使っておりません。

と書いてあります。この広告で広告主＝紀文がいちばん伝えたいところ、向さんが紀文の気持ちになっていちばん説明したいところは、じつはここなのです。つまり「江戸時代からの伝統の」であることを書きたいのです。ですから6行目からの、

――紀文の「はんぺん」は、…………

の一節にも「江戸時代から……」を入れて強調しておきたい。

しかし、それならば、

――紀文の「はんぺん」は、江戸時代

から…………………愛好されてきた「とろろ」や「山かけ」の山芋だけをつなぎにしています。

――で十分ではないでしょうか。

――……「精がつくよ」なんて………はなくてもいいじゃないか。なくても「江戸時代からの作り」は伝わるじゃないか。それなのになぜ……？　その答えはずーっと後ろのほうにあります。

――スタミナをつけながらダイエット

これです。ここへ繋《つな》げるための布石でした。

であるならば、ですね、しつっこいようですが、コピーを勉強していた私の執拗な勉強法にもう少しおつきあいください。

——紀文の「はんぺん」は、江戸時代から…精がつく……と愛好されてきた「とろろ」や「山かけ」の山芋だけをつなぎにしています。

——……「精がつく」と……………でいいはずです。それも、

——……「精がつくよ」なんて………でなくて、なぜ、なのでしょうか。

気の1文字

向さんは江戸時代を思ったのです。想った、という文字のほうがいいかもしれませんね。江戸時代を描いて見せ、読む人に想像させたかったのです。「とろろ」や「山かけ」を好んできた江戸庶民の元気や粋の世界を描きたかったのです。

落語や芝居の江戸ものでは横丁の会話にこんなやりとりがよく聞かれます。

「おや、おまいさん、どこいくのぉ」
「なぁに、ちょいとそこまでね」
「そうかい、気ぃつけていっといでよ」
「あいよ」

なんてね。「どこ」と聞いているのに、どことも言わずに「そこまで」では答えになっていないではありませんか。聞いたほうも聞いたほうで「そうかい」はないと思うのですが、それは合理主義的今日の理屈。これで会話になるところが日本文化の中に営々と受け継がれてきた気のいい愛想の世界なのです。だいじなことは「どこ」へ行くかではなくて、「気ぃつけていっといでよ」の気づかいです。

それも「気ぃつけていっといで」ではなくて、「よ」をつけることで見送る人の気づかいがより強く発せられます。送られるほうも「ああ」じゃなくて「あいよ」です。「よ」で気を返します。「なにやってんだ」ではなくて「なにやってんだよ」の「よ」。「愛してる」ではなくて「愛してるよ」の「よ」。「憎いよ、おまいさん」の「よ」。愛想の色がぐんと濃くなる日本語の「よ」です。ラジオやテレビのコマーシャルのように直接耳に届ける声のコピーと違って、新聞広告のように活字だけで読んでもらうコピーの場合には、こうした1文字でその台詞が情景を描き出すことになります。

「よ」だとか「ね」なんていう1文字はふだん気楽に使いやすい1文字です。読む人にちょっと親しみを込めて語りかけたいとき、共感を得たいとき、文章の尻尾《しっぽ》に「よ」や「ね」をつけることが少なくありません。読むほうもその1文字で、「そうだね」という気持ちで受け止めやすくなります。

私はこのコピーを気にし読みして「よ」の1文字に気づき、日本語の1文字の面白さをあらためて思い知りました。以来、文章を書くとき、「です」で結んだほうがいいか「ですね」としたほうがいいか、「根性」と書くべきか「ど根性」とすべきか、「正直に」と書くところを強調したいために「まっ正直に」とすべきか、あるいはその逆か、1文字にこだわるようになりました。こだわるというか、用心すると言ってもいいでしょう。みすみすよりよい表現を見逃すことになってはいけませんから。

これは文章や会話の中で添える一言であるのはもちろんのこと、態度での一仕草、表情での眼差し一つ、そういったものであることをも教えられました。

刺し身1切れが、塩1粒、醤油1滴でうまみがぱーっと増すじゃありませんか。「よ」や「ね」の1文字は調味料の1粒、1滴なんです、なんですよ。なんですね。なんですな。

名文は推理小説と同じ

推理小説には冒頭から、あるいは途中から、意外な結末のための伏線があります。この話がそうかな、この登場人物がそうかな、このセリフの一言がそうかな、と気にしながら読み進むのが推理小説の楽しみです。怪しい人物がじつは犯人でなかったり、最愛の人であるはずの身内が共犯者であったり、推理小説は読者を騙します。しかし、無闇な騙しはありません。読者が気づかなかったところ、読み切れなかったところに、必ず結末のための仕掛けがあります。その仕掛けを隠しとおすのが推理小説作家の腕前です。

推理小説の結末と伏線のように、いい文章には、いいメッセージ・テーマとそのための仕掛けがあります。書き手が書きたいこと、読者に伝えたいことです。それは、いきなり1行目に書かれている場合もありますし、途中の1行であったり、終わりのほうだったりします。推理小説のように結末にあるわけではありません。この文章の書き手が書きたいところは、これかな、いやさっきの1行かな、と探りながら読むのが読書の醍醐味です。よく練られている文章ほど、メッセージ・テーマとなるそのくだりを強調したり、補作したり、印象的にしたりする1句や1行が隠されているものです。いくつもあったりします。

料理で言うと隠し味のような、そうした味のある1句、1行の仕掛けがあります。紀文のコピーのように1字の場合もあるわけです。いい文章は、そうした1字、1句、1行がどれなのかを吟味しながら読むところにお楽しみがあります。

速読なんかしたら、読み飛ばしてしまいます。速読は、名料理人が時間かけて下ごしらえし、そして絶妙の火加減と手さばきで仕上げたご馳走を口内の味蕾《みらい》を働かせもせずに、嚙みもせずに飲み込んじゃうような、大損なのです。書いた人に失礼です。いい読書は、牛の食事のように、遅読にかぎります。

以上は、向さんというコピーライターが江戸庶民の食生活の世界を描き出すためにどう書こうかと考えた末に、「よ」というたった1文字を使った。1文字で描いた。そして私というコピーライターが人のコピーを勉強する者として、このうまいコピーがなぜうまいのか、どこがどううまいのか、何度も何度も繰り返し気にし読みして、それを考えた末に、「よ」という1文字を読み取った、ゲームのような実例です。

じっくり書いた人と、じっくり読んだ者のゲームといってもいいでしょう。

1語でキャッチフレーズ

研ぎ澄まされた1文字、1語、1文で仕事するのが、コピーライターです。ぬるい、だらだらとした文章では人は興味を持ってくれません。読んでくれません。読み始めてくれたとしても途中でやめて、ほかへ移ってしまいます。そうなっていちばん困るのはコピーライターではありません。いちばん困るのは、広告費を使って広告している広告主です。コピーライターは広告主の代行専門技術者です。技能不十分ということでクビになって困りますが、やはりいちばん困るのは広告主です。

そのたった1文字1語でコピーに仕立てた例があります。ポスターや雑誌などでは、化粧品や和服の広告で「凜。」とか、クルマや旅館のポスターで「静。」とか。しかし、そう言っては仲間のコピーライターに申し訳がありませんが、工夫が足りません。句点をつけて、フレーズ「凛とする。」の短文化の工夫をした気持ちは分かりますが、「凛。」や「静。」では写真をなぞっているだけで、言わんとすることの意味が深くなりません。

1文字ではなく、1語でなら、キャッチフレーズの名作があります。資生堂の育毛料「薬用不老林」の初期の広告です。資生堂と言えば昔から華やかな大型広告キャンペーンづくりの老舗です。その黄金期に活躍したのが宣伝部員の犬山達四郎さんでした。その代表作の一つに私は昔から、資生堂にしては珍しく小スペースを使った「薬用不老林」の広告シリーズを挙げています。新聞1ページの3分の1、全5段の「禁句」シリーズです。

キャッチフレーズは、たった1語です。

――「やかん」

――「上野毛」

コピーライター／犬山達四郎
資生堂／「禁句シリーズ」／新聞全5段
『コピー年鑑1984』より

――「つるつる」
――「夏すだれ」
といった単語です、いや、ターゲット読者には禁句です。「やかん」編ではボディコピーでこんなふうに書いています。

――やかんは、いかん。他に言い方はないか。気くばりが足りない。ひとの頭を見て物を言いなさい。やかんは直接的だ。他にたとえはないか。なければ、いっそ外国語にしたらどうか。やかんは「ケトル」と言うのだ。知ってるか。わっ、これもいかん。ケトルは毛取るだ。他に言い方はないか。そうだ！「不老林をすすめたい方」と言おう。抜け毛を少なくするために、こっそり夜間に使っているものさ。

「上野毛」編はこうです。

東京に「かみのげ」という町あり。これを聞いて髪の毛を連想し、少しでも暗い気もちになる人があれば、行ってコワガラナクテモイイと言い、北に「増毛」という地名もあると慰めてあげる。そんな人に私はなりたい。なーんて、ゆとりある気分で薬用不老林を……（以下略）

遊んでいるように書きながら、だてに面白がって書いているのではありません。「やかん」編の最後の行の「夜間」まで商品性というだいじな広告メッセージに徹して念押しをしています。コピーライター魂です。

不特定多数の読者がいる広告コピーでは、この言葉は禁句ではないか、忌み言葉ではないか、差別語ではないか、向きによっては不適切語と受け止める人はいないか、この点は広告主はもちろんコピーライターが、もっとも神経を尖らせるところです。稟議書や企画書のような社内の書類でさえ上に上げる時に、体型や顔つきなどその上の人がコンプレックスとして抱いている点に留意しなかったために、それこそやかんが沸騰、通るものも通らなかったという笑えない話もよく聞きます。第1部での、手紙のように書く神経があれば、そんなことも起こらないわけです。

しかし、言葉は使いようです。書きようです。犬山さんのようなセンスと技術で活かせば1語の禁句すらコピーになります。やかんを叩く音のようなアテンションの強い書き出しから、威張っているふうの本人がしくじったりするジョークの鉄則、最後の行の「こっそり」の優しさなど、文章作法として学ぶところの多い作品です。
ちなみに、犬山さんは俳句も嗜みます。読書家。そしてタテ組み主義者でした。ヨコ書きは事務的文書だ、日本の文字はタテ書きのためにできているのだ、日本人はタテ書きの中で思考してしてきたのだ、と近年の横書き氾濫を、嘆くのを通り越して怒っていました。私も同感でした。

読書になる日本の文字

「む」というひらがなをじっと見つめてください。

む

どう見ても音声の「む」です。「ん」と似ていますが、「ん」ではありません。「ん」は「うん」という肯定の声にも聞こえますが、「む」は頷きではありません。「武」の草書体です。有声鼻音のmと狭い後舌母音uとからなる音節で、だるまのように口をへの字に結んだ感じで、易々とは頷くまいぞ、という表情をしています。ですから「無」を連想し、漢字の「無」の万葉仮名のようにも見えますが違います。「む」は武蔵の「武」です。

ひらがなは視覚的に筆文字ならではの、1文字の中にさまざまな動きのあるデザインです。「む」などは外国人にはもっとも書きにくいひらがなの一つでしょう。カタカナではどうかと思うと、辞書によると「ム」は「牟」の略字化なのだそうです。「む」のカタカナ化デザインのように見え、そう思っていたのですが、違いました。

では「無」という漢字。

無

なんというデザインでしょう。和風建築の障子や天井のような、モンドリアンのコンポジションのような、幾何学模様の縦横の線。それに4本の縦線に対応したようなゴマ点4つ。それだけではきっと単調でしょう。左肩の「ノ」がなぜあるのでしょう。字源を調べる前に、とくと眺め、造型上の「ノ」の枠、シンメトリーを崩しながらバランスをとる造形美を観賞しましょう。書道家がよく「無」の字を書材にするだけのことがあります。

今度は「ん」のほうを見つめてみましょう。

ん

いかにも「ん」です。「し」や「く」も少し似た形です。（実際、最近の若い人には「ん」を「し」や「く」に見えるように書く下手が少なくなくて、ハガキや作文が読みにくいったらありゃしません。「い」を「り」のように縦長に書く人も多い）「し」や「く」では「ん」の代わりにはなりません。「なりませし。」「なりませく。」では、音声はもちろん、見た目にも跳ねた結びになりません。やはり「ん」には敵いません。「ん」を「ん」と教えられ、何十年も使い慣れてきたからではないと思います。筆文字デザインの視覚的表現、形の持つ意味性のためです。

美

漢字「美」の字は近代デザインにも通じる構成美。シンメトリーでありながら、一つ一つの画の左右に変化があります。とくに完全シンメトリーにならない明朝体にはバランスをとるための太さ細さの工夫が施してあります。線の太さをそろえたゴシック体の「美」でも決して機械的ではなく、一つ一つの画の形に微妙な工夫があります。

み

「美」の草書体です。そのせいでしょうか、「み」の字は、日本舞踊や歌舞伎の舞いの一仕草のような動きの姿をしているように私には見えます。

カタカナの「ミ」も美しい模様です。これは「三」の草書体です。

ミーンミーンミーン

と綴ると、これだけで絵になっています。もちろん音も聞こえてきます。

日本語の文章は、こういうそれぞれに美しい立ち姿、寝姿の、漢字、ひらがな、カタカナで綴られ、織りあげられる美しい世界です。

1字読み（1文字読書）

私は日本語に惚れ込んでいます。みなさんだって好きなはずです。あまりに日常化しているので、愛の自覚を疎かにしているだけです。慣れきってしまった家族のようになっていませんか。もっと毎日、愛や感謝の眼差しを向けてください。日本語、日本の文字に惚れ直してください。じつは、遅読、味読、楽読は、そこからの再出発なのです。当節の間違った風潮である、速読・乱読のすすめや速読の能力開発は、反日本語的、反日本文化的行為です。

1文字だけでも鑑賞に堪え、「読書」に堪えるのは世界で日本語だけです。読書の「書」は書物の「書」だけではありません。1文字しか書いてない書道の「書」でもあるのです。私は1文字読書と言いたい。

「花」、「鼻」、「雨」、「麦」、「浅」、「学」、「歌」、「道」、「黒」、「東」、「母」、「悩」、「侍」、「鯰」、「涎」、「踵」、「鳳」……、どの文字にも、それぞれの生い立ち、いわく因縁、時代を超えた物語を擁しています。ほかの文字には置きかえることのできない絶対的な存在感を誇っています。1文字読書は、時間の経つのを忘れるほど1冊の本と同じように深くつきあえます。

1 文字作家

日本語、日本文字への惚れ込みの深さでは、かく言う私など足元にも及ばない人たちがいます。書体設計家たちです。

後述しますが私たち日本人が新聞、雑誌、書籍、資料、あるいは道標に至るまで、用いる文字は世界に例を見ないほど多種多様です。英語のアルファベットなら26文字。大文字小文字両方で52文字。数字は0から9まで。あと◎、cm、?、♀、↑、♡、㈱、♪などの記号類を揃えても1書体は全部で数百でしょう。

しかし日本文字はひらがなだけで「いろは四十七文字」とカタカナ、それぞれの小文字。漢字が約2、000。しかもアルファベットに比べて文字を構成する画数が10倍以上、1画ずつの形も曲線が一様でなく複雑です。明朝体、ゴシック体、教科書体、草書体などスタイルもさまざまです。日本の活字作家は用途別に、より読みやすく、より個性的な新しい書体を作るために、英文字作家の百倍もの作業に骨身を削ってきました。

かつてのような活字印刷ではなく、いまはフォントと呼ぶデータ文字によるデジタル印刷になりました。活字はデータに置き換えられただけでなく、デジタル作業の利点を活かしたよりよい書体が創作されています。とはいえ1書体を組み上げるのには数千文字を仕上げなければならない手作業には変わりありません。デザイナーと称する人は何万人といいますが、新書体創作に取り組んでいるデザイナーはせいぜい10人です。この人たちのおかげで、私たちはより読みやすい読書を楽しめるのです。

なかには、藤沢周平の小説世界を表すのにもっともふさわしい書体を作ろうというこだわりをもち、それなりの明朝書体を磨き上げて「游明朝体」を創作した作家グループもいると聞きました。鳥海修さんをリーダーとする字游工房のデザイナーたちです。

私の友人の片岡朗さんは、個人でこの道40年。画期的な書体を創造しました。先に挙げた「無」という字の左肩にノの字があります。この形をヒゲと言います。横棒の右端にはよく見ると三角形のトメがありますね。ウロコと言います。ヒゲやウロコや下に4つあるテンの上、これらすべては鋭角になっています。片岡さんはこれら明朝体のすべての鋭角を丸めてしまいました。「丸明オールド」という柔らかみのある明朝体が誕生しました。「丸明オールド」の基本書体だけで7、000文字弱です。

片岡さんはある日、古書店で、夏目漱石『吾輩ハ猫デアル』の初版本の復刻版を手に入れ、明治時代の明朝体活字のひらがなの、艶めかしさに目を奪われました。「丸明オールド」のかなはこれらの古書体をベースにした再構成です。

こうして独創的な「丸明オールド」が世に出、たちまち人気フォントとなり、新聞、雑誌の広告や記事や、テレビコマーシャルのタイトルなどに使われています。片岡さんはほかにもすでにゴシック体など十何通りかの新書体を創作しています。

こうした人々の手になる美しい書体あっての読書です。

無

書体設計／片岡朗
『64人の言葉と丸明オールド』
（カタオカデザインワークス刊）より

1語読み（1語読書）

1文字は1家族をもっています。

「花」から「花芽」、「花宴」、「花娘」、「花薄《すすき》」、「花容」、「花押《かおう》」、「花明かり」、「花信風《かしんふう》」、「花相撲」、「花冷え」、「花細《ぐわ》し」、「花咲爺《はなさかじじい》」、「花婿花嫁」「花恥ずかしい」、「花鳥諷詠」……などきりがない。

「花の父母」、「花の君子」「花の兄」なんて知っていますか。じつは私、こんど知りました。「花の父母」は花木を育てるところから恵みの雨露のこと、「花の君子」は蓮の花のこと、「花の兄」は四季の最初に咲くので梅のことでした。

おっと、「花」が下につく兄弟姉妹もありました。「国花」、「風媒花」、「壁の花」、「枯れ尾花」……。

1語読みで奥が深いのが複数文字による熟語です。熟語は日本の特産です。なぜ「憂鬱」？　なぜ「檸檬」？　「金輪際」って？　「有頂天」って？

「四苦八苦」はなぜ四と八？　「五臓六腑」は？　「八面六臂」は？　1日は24時間なのになぜ「二六時中」？「四六時中」？

1句読み（1句読書）

「花」の従兄弟、従姉妹には、「花より団子」、「言わぬが花」、「花は折りたし梢《こずえ》は高し」、「花も実もある」、「花を持たせる」などの表現句があります。日常よく使われる小粋で美しい日本語です。でも、なんとなく安心して使っていませんか。

これらも口から出るままに使っていないで、でもなぜそう言うのだろうか、と気にし読みをしてください。すると、そこから結構な読書が始まります。辞書やこういう言葉の謂《いわ》れを整理してくれている本は書店にたくさんあります。

日常よく使われているのに、いま、使い方を間違って、あるいは逆の意味で使われている言葉が少なくありません。「気が置けない」「はきだめに鶴」という言い回しや「年寄りの冷や水」という格言などは、よく間違えられます。速読の人たちに多い間違いです。自分で調べて確認してください。思っていたとおりなら、めでたしめでたし。今後、安心して使えます。

調べることが読書になります。これもまた、遅読、味読、楽読の醍醐味です（ついでながら、醍醐味の醍醐ってなんだろう？）読書は物事の意味や人間の不思議を知ることです。そして文章を正しく、上手く、面白く書くための知力と体力づくりです。

共存美の日本語

聖徳太子の業績の一つらしいのですが、わが国は神道の国なのに、仏教も行き渡っています。誕生や七五三のお参りは神社ですが、葬式はだいたいの人はお寺さんです。恋人ができ、家庭を持つと、キリスト教徒でもないのに賛美歌の流れる中でケーキを食べ、サンタクロースが来るとか来ないとか。私たちがよく「神様が見ている」と言う時の神様は何なのでしょうね。私の好きな神様は「世間様」と「お天道様」です。どちらもとても怖いし、優しいし、助けられもし、罰も当たります。

宗教の共存は、文化の共存なのですね。古来よさそうなものはどんどん家庭生活にも社会生活にも取り入れているのが、日本です。議論のあるところでしょうが、共存は日本の豊かさになっています。

その典型的な豊かな文化現象、疑いようのない実態が日本語です。

漢字、それも齋藤さん、髙澤さんのような旧字も健在、だいじにされています。数字には一、二、三、のほかに壱、弐、参、1、2、3、さらに、ワン、ツー、スリー、one, two, three、アン、ドゥ、トロア……。

漢字には中国から伝来した時代によって呉音、漢音、唐音がそのまま共存していま す。呉音の「1万円《まん》」、漢音の「万歳《ばん》」という具合。いわゆる音読み、訓読みの併用です。漢字1文字で5、6通りに読める漢字があります。

その漢字が生まれた国・中国にはいまや消滅しつつあるらしい文字が日本に伝来して、日本で漢字熟語、熟字訓という独自の表現文化が繁栄しました。私は正しく、堂々と「日本字」と呼びたいです。漢字を英和辞典で引くとChinese characterとKanjiが出ていますが、KanjiとJapnese characterでいいでしょう。『新潮日本語漢字辞典』を企画・編纂した小駒勝美さんはその著書のタイトルで『漢字は日本語である』（巻末資料6）と宣言しています。同書もお薦めの本です。

種々多様な文字、言葉、表記、読み方が共存している。それを使いこなしている日本人。日本語は世界最大の文字と言葉が多様に共存する、表現のためにこれ以上はない可能性を持っています。日本人は母国言語を誇りましょう。

こだわりは読書の始まり

1文字読書を楽しんでいるゴルフ友だちが北海道にいます。川人正善さんという新聞人ですが、その執拗さが私に1文字読書の楽しさを教えてくれます。川人さんのブログから抜粋します（巻末資料7）。

わが一病息災物語③　2009年10月18日

私の左足の踵（かかと）。アキレス腱の付け根に、小骨が突起していて、時折激痛を呼び寄せ、ゴルフに行くのを邪魔する。

日本語の「踵」は、英語で「heel（ヒール）」という。ヒールといえば、まんざらゴルフと無縁ではなく、ここにぶつかると痛い目に遭ったりするし…。

研究社「新英和大辞典」（2002年版）で、「heel」を調べてみた。

説明は、名詞、自動詞、他動詞を合わせ約100行（1行・30字）もある。

「ヒール」は「踵」よりもはるかに多様な意味があり、興味が広がる。

「ヒール」で心にとまった箇所を抜き出してみる。

「馬などの後ろ足のかかと」

「ものの末端」

「俺に付いて来い、と命令するとき『ヒール』と叫ぶ」

「ゴルフクラブのヘッドの付け根、曲がり目」（つまり、ここからシャンク）
「圧制、暴虐」
そしてついに、この説明…「卑劣漢、信頼できない人、悪役」
面白いなあ。
人間は、常時悪役を引きずりながら歩いていることになる。
私の悪役は、とびっきりで…。

わが一病息災物語②　２００９年10月11日

私の左足の踵（かかと）。アキレス腱の付け根に、小骨が突起していて、時折激痛を呼び寄せ、ゴルフに行くのを邪魔する。
「踵」という言葉を、日本国語大辞典（小学館、１９８１年版）で調べてみた。（そもそもなんだろうと思うとき、初手として、私はよくこの辞書に尋ねてみる）
第2巻、１０６５ページ。「踵」は40行（1行・23字）にわたって解説されている。通読する。
記述のうち、以下の4箇所がまず心にとまった。

「踵では、骨を厚い丈夫な皮膚が覆っている」

「踵は、(比喩的に)面の皮が厚いこと、ずうずうしいこと、あつかましいこと―を表現する」

「踵は、アカギレが多く切れる場所」

「『踵で巾着(きんちゃく)を切る』という言葉がある。踵を使って巾着をすり取る意。不可能なことのたとえ」

40行の全体を何度も読んでみる。しみじみと味わってみる。体や心の根幹に、絡むような意味づけは見当たらない。全体としてはむしろ「滑稽な脇役」というイメージが私のなかに浮かび上がってくる。

そうか脇役か。そうかもしれない。しかし、滑稽なはずの脇役は、いったん痛み出すと手の付けられない悪役になる。実感。痛みの元に、主役も脇役もない。……

第3部

書き出しは読み出しである

小説風コピー

日本経済新聞の読者には伊勢丹の名物広告があるのをご存知の方が多いでしょう。週末の文化面の下の全5段という横長の広告スペースに掲載される「なにか、どこか、たしかにちがう」というシリーズ。もう8年間続いています。2010年の2月で第85作目になったとか。そのシリーズタイトルどおり、類似商品とは明らかにつくりが違う紳士物の優れ物、世界の名品をつぎつぎに紹介するシリーズです。

1編1編はもちろん商品広告ですが、コピーは掌編小説仕立てになっています。その仕立てに格調があり、ビジネス・ジェントルマンには読み応えがあり、掲載されるのを楽しみにしている読者が少なくなく、読み損なったから掲載紙を送ってくれとせがむ読者もいるんだそうです。

この長期シリーズをずっと書いているのが角田誠さんです。前著『名作コピーに学ぶ読ませる文章の書き方』にも1編収録しています。

こんどは別な新作です。タイトルは「北風と太陽」。言うまでもなく「イソップ寓話」の中の有名な1編のタイトルです。

コピーライター／角田誠
伊勢丹／「北風と太陽」／日本経済新聞2009年11月23日掲載

北風と太陽

私は迷っていた。長時間の機内でも、ずっと。

たとえ誤った選択をしても修正の余裕が残せる。だから、迷うな。判断は速いほどいい——それが私の信条なのだが。

それほど今回の異国の商談相手は胸の内を読ませてくれなかった。強硬姿勢か、柔軟な対応か。国境を越えたビジネスには自らの主張をどこまで押し通せるかが肝要だが、あらゆる場面でそれを貫けばいいというほど単純ではない。

迷ったままの私を乗せて、機体は冬の大陸へと滑り降りる。窓の中の無彩色の風景がスピードを落とし、時間をかけて動かなくなった。

機体とゲートをつなぐ蛇腹の通路は外気に凍えていた。風の口笛に体が強張り、小さなバッグからベストを取り出してスーツの上に着る。大きな手が励ますように背中を押してくれたような感覚を覚えて、背筋がすっと伸びた時、ああこれだと思った。

北風と太陽。人の気持ちを読み、見事思いを遂げたのはどちらだったか。

ゲートを進むダークなロングコートの隊列。私は大きなストライドで抜け出す。食前酒までシャンパンかシェリーで迷ったことを思い出して、固まっていた頬が緩んだ。そう、太陽のようなビッグスマイルこそ最大の武器じゃないか。

滑走路を望みながら、動く歩道へ。機内からは無彩色に見えた風景に色彩が戻っている。全面を覆うガラスにユニークなスタイルの私が加速していく。

このボディコピーの後、広告紙面では、

――新鮮スリーピース。

イセタンメンズこの冬の新提案はセットアップにアウターベストのコーディネーション。チェルッティ1881のグレンチェックのスーツスタイルに同素材のダウンベストをご用意しました。（後略）

という商品説明のコピーが続きます。

コピーの運びの妙としては、北欧のどこかの国かロシアあたりの冷厳なビジネス風土の設定、無彩色の風景と色彩の戻り方、ダークなロングコートの隊列を尻目に大きなストライドで先行するアウターのダウンベストのかっこよさなどなど、このビジネスマンの商談の成功を推測させるように、商品広告のツボは何ヶ所かで見事に押さえてあります。

しかし、前著と違って、本書では角田さんのコピーライティングというお務めの仕事ぶりよりも、筆の魅力について勉強したいと思います。

——私は迷っていた。長時間の機内

でも、ずっと。

という書き出しが、アウターベストのコーディネーションにつながる話になろうとは思わなかったでしょう。文章とは、読み手をちゃんと目的地へ案内するかと思うと、こんなふうに誘惑したり勝手に連れ歩いたりする面白いものです。

角田さんは、この書き出しというパート、書き手にとっても読み手にとっても1作品に1ヶ所しかないお楽しみのパートをだいじにしているコピーライターの一人です。他の作品では次のように書き出しています。

——あの日。押すな押すなのパンダ舎の前で肩車で踏ん張ってくれたこと。

（紳士傘／前原光榮商店）

——人工芝の摩擦音に見送られてボールが離陸する。ほんのわずかだが、ダフった。

（Tシャツ／アンダーサミットウエア）

部下をランチに誘いオフィスを出ると、紫外線までが同行しようとつきまとう。
(ジャケット/ジャンフランコボンメッツァドリ)

俳句の上の句と下の句だけのようで、中の句を想像することはちょっと無理です。想像できるようではつまりません。上の句の5音が、商品として見えている下の句の5音に、中の句の7音でどう結ぶか。書き出しという上の句は思わせぶりな演者なのです。

書き出し読み

本を読む時のいちばんの楽しみはなんでしょうか。楽しみはいろいろあるに決まっていますが、岩崎さんのところでも話した「いちばん」とは違って、ここでは「いちばんはじめの」楽しみのことです。

私は書き出しだと思うのです。この書き出しで、こんな書き出しで、この書き手は、私をどんな話の世界へ連れていこうというのだろう。こういう期待を抱かせるのが、文章の書き出しです。本を読む時は、書き出しから読書脳を集中させましょう。そして書き手に対して、責任持ってくれよ、頼むよ、と期待しましょう。これが読書における読み手側のだいじな仕事、書き出し読みです。

ですから、書き手は書き出しに勝負をかけます。演技力、命題、趣味、センス、品格、ともかくだいじな何かを、そこに置いて、そこから始めます。

角田さんも、書き手としても、読み手としても、書き出しこだわり派です。

宮沢賢治、宮本輝、平出隆、浅田次郎、東野圭吾などの作品をよく読むそうです。「中でも平出隆の『猫の客』はあらゆる点でのお手本ですが、とくに描写の理想像ですね。「ちぎれ雲」とか「勾玉」といった猫の描写だけでもほほ笑みながら唸ってしまいます。直喩。簡単な手法ほどセンスが問われるなぁと」

私は平出さんの名前は知ってはいましたが『猫の客』(巻末資料8)はまだ読んでいませんでした。ですから焦って早速読みました。

凄い小説です。木山捷平文学賞を受けただけでなく、夏目漱石の翻訳家である末次エリザベートさんによって仏訳され、フランス人の多くの読者にも愛読されたと言います。

ある小路を入ったところに住む作家と隣家で飼われている「チビ」の話です。書き出しは台所の曇りガラスの小窓に映る、板塀の上を逍遥する猫の描写から始まります。

はじめは、ちぎれ雲が浮んでいるように見えた。浮んで、それから風に少しばかり、右左と吹かれているようでもあった。

この書き出し、この描写が角田さんを泣かせました。「平出隆の他の作品では、『葉書でドナルド・エヴァンスに』と『左手日記例言』をいま傍らに置いています。『葉書でドナルド・エヴァンスに』は空想の国の切手ばかり描いた画家に出した返信葉書を連ねたものです。『左手日記例言』は利き手の右手を怪我をした著者が左手で綴った日記で、左ページしか印刷されていません。これら実験的な作品は、表現より〝企画〟の手本でしょうかね」

本書を書き終えて時間ができたら、どちらもはやく読みたいと思っています。

行き先読み

このシリーズではときどき手紙文ものが登場しますが、それは『葉書でドナルド・エヴァンスに』の影響なのだそうです。岩崎俊一さんに通じるものがあります。

角田さんの愛読作家の一人、東野圭吾さんに関してはこう話します。「理系の人で、そこが彼の作品の確実な魅力だと思います。綿密に設計がなされた構造物をさてどこから説明するのか、それが書き出し。広告は、ことにボディコピーは、意外な入口や不安定な空気を漂わせてやがて商品に結びつけていく。その意味で、優れたミステリーでありたいと思うわけです」

63ページで私が「名文は推理小説と同じ」と書いたことを思い出してください。では、というので東野さんの作品の書き出しを拾ってみました（巻末資料8）。

──「秘密」
予感めいたものなど、何ひとつなかった。

──「手紙」
その家を狙ったことに深い根拠はなかった。

──「さまよう刃」
真っ直ぐに伸びた銃身の鈍い輝きに、長峰《ながみね》は心の奥底が疼《うず》くのを感じた。

「白夜行」

近鉄布施《ふせ》駅を出て、線路脇を西に向かって歩きだした。十月だというのにひどく蒸し暑い。


「放課後」

九月十日、火曜日の放課後。

コトリと頭上で音がした。


角田さんは浅田次郎さんの書き出しもご自身で選んでくれました（巻末資料10）。


「月のしずく」

いいか、ぼうず。俺ァべつに、酔っ払って説教たれてるわけじゃあねえんだぞ。


「かくれんぼ」

英夫《ひでお》はかたときもその記憶から免《まぬか》れたことがない。

――「迷惑な死体」
落ちつけ。落ちつけ、良次《りようじ》。

――「踊子」
遠い昔のことで、記憶には古いフランス映画のように紗《しや》がかかっている。

――「ふくちゃんのジャック・ナイフ」
「ふくもと・ゆきお」という名前だった。
どういう字を書くのか、「福本幸夫」かもしれないし、「福元行雄」かもしれない。

――「忘れじの宿」
雪見障子を上げると、歪んだガラスごしの竹林に蛍が舞っていた。

――「月島慕情」
親から貰ったミノという名は、好きではなかった。

「あなたに会いたい」
同行者たちを追い返してしまうと、背中に翅《はね》が生えたような気分になった。

書き出し読みの面白さを、前述の私の「どこへ連れていこうというのか」よりも、角田さんはもっと強く端的に「いきなり、どこかへ連れていかれる感じ。泣くからハンカチ用意しておきなさいよ、と告げられている感じ」と言います。浅田さんの書き出しはまさにそういう引っ張りの強さがありますね。

書き出し読みは、立ち読みではありませんよ。本を買って、あとをちゃんと読んでください。

師となる作家たち

読書家ならみんなそうでしょうけれど、物書きたるコピーライターにはお気に入りの作家がいます。このページまでにも数々紹介したとおりです。好きというだけでなく、人や事物への観察眼やそれを表す文章力を勉強できる作家です。

岩崎さんのひと回り上の私の世代のコピーライターで言うと、夏目漱石、芥川龍之介はもちろんですが、近いところでは、太宰治、もっと近いと、遠藤周作、開高健の愛読者が多いはずです。

私も同じです。とくに遠藤さんや開高さんは小説よりも軽妙洒脱なエッセイに憧れて耽読し、真似したいと思ったものです。高校時代にいちばん愛読したのはアンドレ・ジイドです。もちろん翻訳の新潮文庫で読みました。その訳者・新庄嘉章さんの美しい日本語に魅せられて、あるとき自分がジイド・ファンであるというより新庄ファンになっていることに気がつき、新庄教授の授業を受けたい一心で早稲田の仏文科に進んだほどです。第6部でも触れますが、翻訳物の読書というのは一種独特の不思議さがあって、たとえばジェフリー・アーチャーの推理小説を読んでいながら、その翻訳者で、私が日本語の造詣の深さに心酔している永井淳さんご本人の本を読んでいる意識からどうしても離れられなくなったりするのです。

翻訳物はそれ自体で原作とは独立した日本語作品ではないかと思います。名訳であればあるほどに。このテーマは本書のお楽しみの一つ、第6部のテーマです。

ほかには、中高校時代に愛読した童話作家の坪田譲治さんの平易で人間味のある文章や、早稲田の英文科教授でもあり、師事していた作家・小沼丹さんのひょうひょうとした描写を思い出して、コピーライターになってからあらためて読み直したことがあります。

みんな師です。どこかで影響されているはずです。

いまここまで書いて、あれれ、と気づきました。「さん」をつけたりつけなかったり。「開高さん」「遠藤さん」ですが、「漱石さん」「太宰さん」とは言いません。年代が離れすぎているからでしょうか。でも明治生まれなのに「坪田さん」です。なぜでしょう。考えてみたいのですが……。

閑話休題。で、太宰治作品から文章教育を受けたコピーライターは多いと思います。その文章作法の分かりやすい例があります。『ヴィヨンの妻』（巻末資料11）です。訳があっていささか長文の掲載になりますが、読んでください。話は、こう書き出されます。

あわただしく、玄関《げんかん》をあける音が聞えて、私はその音で、眼《め》をさましましたが、それは泥酔《でいすい》の夫の、深夜の帰宅にきまっているのでございますから、そのまま黙《だま》って寝《ね》ていました。

夫は、隣《となり》の部屋に電気をつけ、はあっはあっ、とすさまじく荒《あら》い呼吸をしながら、机の引出しや本箱《ほんばこ》の引出しをあけて掻《か》きまわし、何やら捜《さが》している様子でしたが、やがて、どたりと畳《たたみ》に腰《こし》をおろして坐《すわ》ったような物音が聞えまして、あとはただ、はあっはあっという荒い呼吸ばかりで、何をしている事やら、私が寝たまま、

「おかえりなさいまし。ごはんは、おすみですか？　お戸棚《とだな》に、おむすびがございますけど。」

と申しますと、

「や、ありがとう。」といつになく優《やさ》しい返事をいたしまして、「坊《ぼう》やはどうです。熱は、まだありますか？」とたずねます。

これも珍《めず》らしい事でございました。坊やは、来年には四つになるのですが、栄養不足のせいか、または夫の酒毒のせいか、病毒のせいか、よその二つの子供よりも小さいくらいで、歩く足許《あしもと》さえおぼつかなく、言葉もウマウマとか、イヤイヤとかを言えるくらいが関の山で、脳が悪いのではないかとも思われ、私はこの子を銭湯に連れて行きはだかにして抱《だ》き上《あ》げて、あんまり小さく醜《みにく》く痩《や》せているので、凄《さび》しくなって、おおぜいの人の前でないてしまった事さえございました。そうしてこの子は、しょっちゅう、おなかをこわしたり、熱を出したり、夫はほ

とんど家に落ちついている事は無く、子供の事など何と思っているのやら、坊やが熱を出しまして、と私が言っても、あ、そう、お医者に連れて行ったらいいでしょう、と言って、いそがしげに二重廻《まわ》しを羽織ってどこかへ出掛《でか》けてしまいます。お医者に連れて行きたくっても、お金も何も無いのですから、私は坊やに添《そい》寝《ね》して、坊やの頭を黙って撫《な》でてやっているより他は無いのでございます。

けれどもその夜はどういうわけか、いやに優しく、坊やの熱はどうだ、など珍らしくたずねて下さって、私はうれしいよりも、何だかおそろしい予感で、背筋が寒くなりました。何とも返辞の仕様が無く黙っていますと、それから、しばらくは、ただ、夫の烈《はげ》しい呼吸ばかり聞えていましたが、

「ごめん下さい。」

と、女のほそい声が玄関で致《いた》します。私は、総身《そうみ》に冷水を浴《あ》びせられたように、ぞっとしました。

「ごめん下さい。大谷《おおたに》さん。」

穏やかならざる書き出しです。その落ち着きのなさはページの文字面にも表れています。改行が多く、句読点が非常に多いでしょう。はじめの「あわただしく、」にはふ

つう読点は不要です。「私はその音で、」の読点も国語教科書的には不要です。とくに書き出しの13行では句読点が多い。平均8文字弱ごとに「、」「。」がふられています。

――「ごめん下さい。大谷《おおたに》さん。」

に続いて、玄関が開けられる音がして、

――「大谷さん！　いらっしゃるのでしょう？」

の声。ただならぬ書き出しです。起承転結の見事な起、映画や演劇で言えば、たたみ込むようなテンポの速い導入です。楽器で言えば打楽器的ですね。急テンポで話に入る場合はこのように改行、句読点打ち、短文がオーソドックスな手法です。文庫本では9ページもこのテンポで続きます。

それから、真夜中の訪問者であり、この家の旦那に貸しのある小料理屋の夫婦が上がり込み、旦那のほうが、話の分からない「夫」にではなく、聞く耳のあるらしい「奥さん」に向けて、「実は、奥さん」とこの晩に至るまでの話の長い長いいきさつを、こんどは落ち着いて話し始めます。

「実は、奥さん、」とあらたまった口調になり、「私ども夫婦は、中野駅の近くに小さい料理屋を経営していまして、私もこれも上州《じょうしゅう》の生れで、私はこれでも堅気《かたぎ》のあきんどだったのでございますが、道楽気が強い、というのでございましょうか、田舎《いなか》のお百姓《ひゃくしょう》を相手のケチな商売にもいや気がさして、かれこれ二十年前、この女房《にょうぼう》を連れて東京へ出て来まして、浅草の、ある料理屋に夫婦ともに住込み奉公《ほうこう》をはじめまして、まあ人並《ひとなみ》に浮《う》き沈《しず》みの苦労をして、すこし蓄《たくわ》えも出来ましたので、いまのあの中野の駅ちかくに、昭和十一年でしたか、六畳一間に狭《せま》い土間附《つ》きのまことにむさくるしい小さい家を借りまして、一度の遊興費が、せいぜい一円か二円の客を相手の、心細い飲食店を開業いたしまして、それでもまあ夫婦がぜいたくもせず、地道《じみち》に働いて来たつもりで、そのおかげか焼酎《しょうちゅう》やらジンやらを、割にどっさり仕入れて置く事が出来まして、その後の酒不足の時代になりましてからも、よその飲食店のように転業などせずに、どうやら頑張《がんば》って商売をつづけてまいりまして、また、そうなると、ひいきのお客もむきになって応援《おうえん》をして下さって、いわゆるあの軍官の酒さかなが、こちらへも少しずつ流れて来るような道を、ひらいて下さるお方もあり、対米英戦がはじまって、だんだん空襲《くうしゅう》がはげしくなって来てからも、私どもには足手まといの子供は無し、故郷《こきょう》へ疎開《そかい》などする気も起らず、まあこの家が焼けるまでは、と思って、この商売一つにかじりここまでにします。こんどはこの調子が13ページ半続くんです。その間、改行はたった2ヶ所だけです。その2行以外は右にあるように各ページ全部の行が隙間なくびっしり文字が詰まっています。

書き出しが打楽器的な早打ちのテンポだったのが、がらりと変わって、チェロかオルガンかのような切れ目のないメロディ楽器的な、滔々《とうとう》と続く人情物語です。

文章は、それが小説のようにストーリーのあるものでなくても、映画や芝居や音楽など、時間の上での芸術表現からも学ぶものがあります。それは、文章にも読むスピードの時間性があるということだけではありません。『ヴィヨンの妻』がいいサンプルであるように、文字組み上の視覚的な有り様が、テンポの緩急の表れとなり、その場の空気やテーマの内容を伝える媒介にもなるということです。

第4部　面白くなければ読んでもらえない

コピー・エンターテインメント

私が『名作コピー読本』を出したのは1982年。そのころが新聞広告の全盛期だったのかもしれません。予定したページ数に収録しきれないほどの名作のリストができ上がっていました。私の名作鑑定団としての選択基準は、キャッチフレーズはもちろんボディコピーがただうまいだけでなく、最後の行まで文章としての完成度が高く（広告コピーというものは書き出しはよくても、広告主からのチェックや注文で文中に乱れができやすいものなのです）、しかも、面白くて感動的（頭や心に衝動を与えてくれるという意味です）で、私には書けないな、と舌を巻くもの、という厳しいものでした。

同書で次のように書いています。

広告コピーの中には、広告コミュニケーションという目的を離れて、読みものとして楽しもうとしても、見事に応えてくれるものがたくさんあります。

ぼくはいつもそのほとんどを広告というカコミの中のコラムのような読みものだ

と思っています。記事面のほうのコラムに優るとも劣らない、読み応えのあるボディコピーにたくさん出会います。

エッセイがあります。生活批評があります。社会時評があります。人生論がありますます。ショートショートがあります。詩があります。脚本や小説の1プロットがあります。現代の格言があります。パロディがあります。ジョークがあります。教訓があります。暮らしの知恵があります。

広告は、広告主の名前はあっても、書き手であるコピーライターの名前は記されていない匿名の作品です。

これら「詠み人知られず」のエンターテインメント性の高い作品をぜひ読んでほしい、コピーライターの名前も知ってほしい、という気持ちで世に出しました。期待どおりコピーライター以外の一般の人びとにも読まれました。中学、高校の図書室にも入りました。

それは、収録した100点近いコピーが一般の人びとが読んでも面白いからです。「面白くなければ読まれない」という気概をもって書き上げた文章だからです。さらに言えば、ひとりよがりの面白さではないからです。広告主企業のメッセージを代行して表現にし、自他の厳しいチェックを経て掲載されているのですから、ひとりよがりのものであるはずがありません。

同書は（新版と合わせ）二十数年間のロングセラーとなり、21版を重ねて後、知らぬ間に絶版となりました。しかし、東京コピーライターズクラブは1962年以来ずっと『コピー年鑑』（巻末資料12）を刊行、毎年の名作コピーを収録・保存しています。大きな図書館でないとないかもしれませんが。

酔わせるコピー

仲畑貴志さんはその名が一般の人にも知られたコピーの第一人者です。コピーライターたちもみんな仲畑さんのようにコピーが書けたらいいなと思っています。仲畑さんほど数多くのエンターテインメント・コピーを書いてきた人はいません。

なかでも「『角』÷H_2O」のようなコピーを書きたいなと思って、みんな写経しています。なにを隠そう、10年も先輩の私も、この広告コピーと新聞紙上で出会った日、秘かに写経したものです。一読して酔い、再読して酔い、これはいけないと、心静かに写経に及んだのです。

そのH_2Oが問題なのです。井戸水に限るという者がいるかと思えば、いや井戸水はいけないという者がいる。そこへ、ミネラルウォーターが良いと口をはさむものがいて、水道で充分という者がおり、それならば断じて浄水器を使用すべしと忠告するものがいる。また、山水こそ至上と力説する自称水割り党総裁が出現し、清澄なる湖水に勝るものなしとの異論が生じ、花崗岩層を通った湧き水にとどめをさすと叫ぶものあり。果ては、アラスカの氷(南極ではいけないという)を丁重に削り取り、メキシコの銀器に収め、赤道直下の陽光で溶かし、さらにカスピ海の…と茫洋壮大なる無限軌道にさまよう者もある。と思えば、そっとあたりを伺い、声をひそめ、ただひと言、秋の雨です、と耳うちする者がいたりする。我が開高健先生によれば、「よろし、よろし、なんでもよろし、飲めればよろし、うまければよろし」ということになる。さて、あなたは? 今夜あの方と、水入らずで。「角」。
いつものボトル。日本のウイスキーの原典。
サントリー角瓶
「角」÷H_2O

コピーライター／仲畑貴志
サントリー／「H_2O」
『コピー年鑑1977』より

では読んでください。キャッチフレーズは、

「角」÷H_2O

÷が何か、説明は野暮ですね。

そのH_2Oが問題なのです。井戸水に限るという者がいるかと思えば、
いや井戸水はいけないという者がいる。
そこへ、ミネラルウォーターが良いと口をはさむものがいて、
水道で充分という者がおり、
それならば断じて浄水器を使用すべしと忠告するものがいる。
また、山水こそ至上と力説する自称水割り党総裁が出現し、
清澄なる湖水に勝るものなしとの異論が生じ、
花崗岩層を通った湧き水にとどめをさすと叫ぶものあり。
果ては、アラスカの氷（南極ではいけないという）を丁重に削り取り、
メキシコの銀器に収め、赤道直下の陽光で溶かし、さらにカスピ海の…

と茫洋壮大なる無限軌道にさまよう者もある。

と思えば、そっとあたりを伺い、声をひそめ、ただひと言、秋の雨です、と耳うちする者がいたりする。

我が開高健先生によれば、「よろし、よろし、なんでもよろし、飲めればよろし、うまければよろし」ということになる。

さて、あなたは？　今夜あの方と、水入らずで。「角」。

書き取り読み

うまい！と酔っているだけでは勉強になりません。写経しましょう。写経の用紙は白いお皿です。私のボディコピーの分析研究を「コピーの解体新書」と賛えてくれた人がいましたが、外科医の解剖みたいで嫌でした。美味しいご馳走を、ひと箸ずつ味見して、こっちのお皿に摘んで盛り直し、というような美味しい勉強法です。

私のような頭の良くない者は、出来あがったおいしいご馳走をばらして、味見して、シンプルに整理して、並べてみないとよく分からないのです。

仲畑さんの話は、井戸水説から始めて、水道の水でいいと庶民の茶の間レベルまで下げてくれてから、だんだんに通の域に入っていき、マニアックを通り越してちょっと危ない領域に運んでいく。それは1、2、3、4……という並の運びではないなと気づきます。1、2、4、8、16……といった比例級数的な飛躍の並べ方だから引っ張られていくのだと、書き取り読みをすれば誰にでもよく分かります。

諸説が「……という者がいる」という基本形で次々に紹介され、それぞれの通らしさ、マニアらしさ、バカらしさに合わせて、その基本形である「という者がいる」に変化をつけて効かせ、しかも、それぞれを、せいいっぱい思わせぶりな接続の言葉でつないでいきます。

諸説の身の部分を取って、骨だけにしてみましょうか。

……という者がいるかと思えば、
いや……という者がいる。
そこへ……と口をはさむものがいて、
……という者がおり、
それならば……と忠告するものがいる。
また……と力説する……が出現し、

……との異論が生じ、
……と叫ぶものあり。
果ては……
……と茫洋壮大なる……にさまよう者もある。
と思えば……と耳うちする者がいたりする。
我が……先生によれば……ということになる。
さて……

うまい魚は残った骨もしゃぶってもうまいものです。これだけ読んでもリズムがよく、なにやら楽しいです。

私のような文章の読み方を、書き取り読みという者が多いが、解剖読みと呼ぶ者もいるし、いや仕分け読みだろうと口をはさむ者がいる。それなら、魚の身食い骨残し読みというのはどうじゃ、というお調子者もいる。……なんて、へたですねぇ、仲畑さんに比べて。いずれにせよ、勉強になります。ぜひあなたもどうぞ。

第8部でもあらためて話しますが、話の材料集めのだいじ。仲畑さんのこの作品が面白くて一読して酔ってしまうのは、前ページに並べた骨の部分の面白さではなくて、……の身の部分のためなのです。「角」ではなくて水で酔わせるとは！

仲畑さんの集めた材料は日本の水道水から世界の一級品ばかり。その材料のよさに目を見張ります。「アラスカ、メキシコ、カスピ海」と壮大になっていく高みから、ストンと「秋の雨」に落とし、ようやく真打、開高説の登場と相なります。この素材の質と順番が絶妙です。

私は1982年に出版した『名作コピー読本』の中で「広告コピーでこれほどよく計算された、あるいは万事うまく出来たパラドックスの活用を他に知りません」と絶賛しました。面白いだけでなく、サントリーという会社の、しかも角というランクの商品の広告としてマーケティング的に完成しているのです。そのことは広告コピーライティングの少し専門的な話になりますので、ここでは割愛しますが、いまここで書かなければならないのはその絶賛した時の、以下の、私の浅学無知の話です。

いただき読み（物比べ）

『名作コピー読本』がよく読まれ、私は少し天狗になっていました。

約1年ほど経った時、広告批評の別冊『仲畑貴志全仕事』（巻末資料13）が出され、その中で、仲畑さんの読書体験を知りました。仲畑さんは以前に、チェコの作家で園芸を愛したカレル・チャペックさんの『園芸家12ヵ月』（巻末資料14）の中の1編「種」を読んでいました。

同書は代々の園芸ファンに愛読されてきた古典書というだけでなく、その文章の面白さゆえに、物書きのプロたちに知られた古典的な読みものでもあったのです。「1月の園芸家」のうちの「種」の冒頭の数行はとくに有名。これを仲畑さんが読んでいないはずはありませんでした（不勉強な私はじつは、その時まで読んではいなかったと思います）。

チャペックさんの1文はこうです。

木炭をまぜるといいと言う者がいるかと思うと、いけないと言う者がいる。また、黄いろい色をした砂には鉄分がふくまれているから、少量加えるといいと言う者がある。かと思うと、また、黄いろい色をした砂には鉄分がふくまれているから気をつけなきゃいかんと言う者がある。ある者は清潔な川砂がいいと言い、ある者はピートだけでやるのがいいと言う。また、なかには、おがくずがいいと言ってすすめる者もいる。要するに、播種用土の準備ということは重大な秘法で

ありʼ、魔法の儀式なのだ。（以下略）

仲畑コピーの勉強のおかげで、このレトリックを知りました。一度知ってみると、このレトリックはよく使われることに気づくようになりました。これは模倣ではありません。文章は、内容、主張、文体、用語、データがそっくりそのまま同じでなければ模倣とは言えません。言葉はもちろん、面白いレトリックなどは、公のものです。それを使ってさらなる面白いものを書けばいい。面白く書いた者勝ちです。これを私はいただき読みと呼びます。面白いレトリックに出会ったらチェックしておきましょう。

人気作家の玉村豊男さんもチャペックさんのファンのようです。「アユ」（巻末資料15）という1篇のエッセイの中にこんな部分がありました。

あるヒトは、若アユの季節感を珍重し、またあるヒトは、若アユには動物性プランクトンの匂いがあっていけない、本来の味は菜食主義に宗旨替えした梅雨明けの熟アユにある、と主張する。それも釣ったものは針の傷がつくからいけない、長良川のように鵜飼いでとったほうがいい、というヒトがいるかと思うと、いや、鵜飼いのアユはくちばしの跡がつくからいけない、夜中にウツラウツラ川の中で眠っているのをそおっと抱くようにして素手で捕えるのが最善だというヒトもいる。

食べかたにしても、あるヒトがやはりアユは塩焼きにタデ酢がいちばん、と言えば、別のヒトは酢をつけずに塩味だけで食べるのが正しい活きアユの食べかただ、と反論する。また天然アユは頭を手で持ってスポッと骨を抜いて食べるのが作法かと思っていると、いや、抜かずに頭からかじって骨はペッペッと吐くのが食通のやりかただ、と教えてくれるヒトもいる。

ええい！いい加減にしてくれ！好きなように黙って食えばいいじゃないか！

いただき読み（人比べ）

藤原正彦さんのベストセラーの1著『遥かなるケンブリッジ』（巻末資料16）から次の1文はよく引用されます。とくに終わりの3行は頻繁に引用されます。

――イギリス人のフェアーぶりは年季が入っている。もともと中世の騎士道から発達した紳士道の見本は、イタリアでありフランスだった。特にフランス貴族の、優雅な作法や洗練された物腰、ギリシア、ラテンの古典語教養などが、紳士の規範となっていた。ところが十八世紀になって、イギリスの国力がフランスのそれと並び凌《しの》ぐようになると、紳士養成機関となっていたパブリック・スクールを中心に、イギリス独自のものを作ろうという気運が盛り上がった。田舎紳士のスノバリーから脱却し、イギリス紳士のあるべき姿を求めようとしたのである。そこでは、古典語や数学で代表される伝統的教養を教えるだけでなく、スポーツを振興し、スポーツマンシップや忍耐、フェアー精神を鼓吹した。フェアー精神がイギリスにおいて破格の重要性を持つに至った源は、ここに溯《さかのぼ》るのではないだろうか。

このfairという言葉は、英語特有のものと思う。手元の英和辞典には、「公平な」「公正な」「適正な」「正当な」などとあり、どれも正しいと思うが、ニュアンスはやや異なるような気がする。もう少し感情移入のある言葉だと思う。例えば、It's not fair to him.と言ったら、彼に気の毒だ、くらいの意味であることが多い。

fairとは何か、まともに聞かれると、イギリス人自身でもうまく答えられないが、

「It's not fair.（フェアーじゃない）」

は実に頻繁《ひんぱん》に使用される。そして決定的意味をもつ。子供の言い争いも、大体はこの一言でケリがつく。バカとかクソッタレ、などと言われてもイギリス紳士は肩をすくめるだけだろうが、

「You are not fair.（あなたはフェアーでない）」

と言ったら必らず血相を変える。私なら丁度逆であろうが。経験から判断すると、フェアーであることを、イギリス人は絶対的なことと考え、アメリカ人は重要なことと考え、ヨーロッパ人は重要なことの一つと考え、日本人は好ましいことと考える。このような価値観の違いは、国際化の際に注意を払う必要がある。

曖昧読み

言われちゃいました！　多分「好ましい」は「望ましい（desirable）」ほどの意味でしょう。as possible asなんですね。「ま、できることならね」といういい加減さを突いています。「フェアーでなくても、しようがないものはしようがないじゃないか」、政治、会社経営、製品開発、商品販売、礼儀作法、児童教育、家庭教育、そして大相撲などなど周りを見れば明らかです。困ったものです。

fairとnot fairの使い分けも便利なと言えば便利なレトリックの一つです。「よいか」と問われて、「よい」と答えるのと「悪くない」と答えるのとでは、ちょっと曖昧で、ずるい使い分けです。

倶楽部は英国で発達した同好の士の集まりです。中に入れたくないヤツは入れないという閉鎖的な平穏主義の組織です。平穏な快適性を維持するために、時には誰かを退会させなければならない事態に立ち至ることがあります。倶楽部には倶楽部にふさわしい人格や行い、立ち居振る舞いがあります。倶楽部clubにふさわしいという表現には、clubbableという言葉があります。

ではどんな人が、どんな行いが、clubbableか、という議論になると、抽象的な、概念的な言葉の際限のない羅列になります。そんなとき誰かが一言「しかし、あの男はunclubbableだ」と言いきると、みんな「Yes!」とたちまち衆議一決するのだそうです。曖昧とは怖いものであります。

最近の放送では曖昧表現が乱発されています。コメンテーターという人種のコメントはほとんどこれです。かなりはっきりしたことを言った後で「……という流れになっていくのではないかと言う人が多いように見受けられますね」がくっつくのです。何重もの曖昧化です。責任の転嫁でもあります。音声ではやんわりとさせる効果もあるようですが、活字の文章の世界では、記事の価値が下がります。しかし活字の世界でも多用されています。

曖昧語、曖昧表現は日本語の特徴の一つです。第2部の江戸庶民の会話でも触れたように、気遣いとか温和さとか、そういういい効果を意図する場合に限りたいものですね。と、書いて分かったのですが、「ね」をつけることも厳密に言えば曖昧化です。「限りたいものです」と「限りたいものですね」とはだいぶ違います。

レトリック読み

レトリックの大作家といえば、その一人に開高健さんを挙げられるでしょう。とくに開高さんのエッセイには「これはいただき読み！」と釣り好きの作家ご本人以上に釣果《ちょうか》を喜びたくなるところを、各ページから釣り上げることができます。

ゴルフの歴史話を数多く書き残した夏坂健さんも開高文学のファンでした。開高さんのペンネームは編集者の矢の催促とその返事「書いた?」「書けん」の洒落だと言われています。で、夏坂さんも真似て、暑がり屋なので「夏さ、書けん」としたのだとご本人から聞いたことがあります。

この夏坂さんの著書『ナイス・ボギー』（巻末資料17）の著者プロフィールを読んだとき、私は思わず吹き出しました。プロフィールの文中に「ゴルファーには二種類しか存在しない。すなわち夏坂健の本を読むか読まないか。つまり知性的か非知性的か、彼の本はバロメーターとされる」とあったからです。

それ以前に読んだ開高さんのエッセイの中の名句を思い出したからです。「人間には2種類しか存在しない。すなわち、ドリアンを人の分まで欲しがるか、鼻を摘んで逃げ出すか、である」言葉の端々は忘れましたが、おおよそこんなところでした。ドリアンの臭いのようにあまりに強烈なレトリックだったので、忘れようがありませんでした。

当時、一部の夏坂ファンの間では、このプロフィールの原稿を書いたのはご自身ではないかな、という推測がビールのツマミになったほどです。

「人間には2種類しか存在しない。すなわち……」このレトリックにお初にお目にかかったのが開高さんのどのエッセイの中だったか、ひところ座右に置いて愛読していた『白いページ』の中ではないかと思いましたが、調べても分からずじまいです。申し訳ありません。

文章にもスピーチにもよく使われます。片方の強調法の一つです。「ドリアンは好きな人にはたまらない」、「夏坂本は知的ゴルファーの座右の書である」と書いた場合と文意は変わりません。「人間には2種類」と大上段の構えから語ることによる可笑しさがあり、印象度が強くなります。

レトリック、つまり修辞法、言い回しには、チャペック式の一覧法、列記法、ドリアン式の強調法、称賛法のほかにも、優劣つけ難し法、無視法、蔑視法、曖昧化法、責任逃れ法などなどいろいろあります。

絶妙のレトリックに出会ったら、覚えておいていつか絶妙のタイミングで使うといいでしょう。忘れっぽいようなら（私のように）メモしておくべきです。メモの技法は第8部でお話しします。

ついでながら、開高さんは昔の寿屋、いまのサントリーの宣伝部のコピーライターでした。「コピーの殿堂」入りしています。

ルビふり、ルビ読み

読みの難しい漢字、とくに人名や地名に仮名をふりますね。ルビと言います。縦書きなら右側に、横書きなら上にふります。漢字のほうを親字と言いますが、最近は親字に続けて（）をつけてその中に入れたりもします。

明治、大正、昭和と使われてきた活字のもっとも一般的なものが5号活字でした。5号が親字の場合、ルビには7号活字が用いられました。それが英文字活字の5.5ポイント活字と同じ大きさでした。英国では活字の大きさを宝石の名前の愛称をつけて呼んでいました。お洒落ですね。5.5ポイントの愛称が「ルビー」だったのです。

読み方が難しい親字につけるのは、サービス精神と間違い予防のためです。難しくない親字でも書き手がこう読んでほしいと思うときの指定としても使います。開《あ》く、開《ひら》く。注《つ》ぐ、注《そそ》ぐ。眼《め》、眼《がん》、眼《まなこ》。踵《かかと》、踵《きびす》。

本書の第1部で、存在理由《レゾン・デートル》と書きました。これはキザなカッコウつけです。この手のルビふりは多いです。愛人《ラバー》。別荘《コテージ》。煙草《もく》。

拙著『名作コピー読本』を出したその年、昭和57年に文学雑誌で出会った究極のルビふり文をいまだ忘れられません。村越英文さんの「そりゃナイダロウ」（巻末資料18）という小説です。

最高《とびつきり》に上手い男性歌手《おとこのほう》よりも、普通程度《まあまあ》の女性歌手《おんなのほう》がずっと喜ばれる。若くて美人で、それに色気があれば、もっと歓迎される。だから彼女《アイツ》らは、オレたちの

──何倍も出演し、何倍も給料《ギャラ》を取っている。

全編この調子です。これは意味増強法のレトリックです。歌手が個人であればギャラは「出演料《ギャラ》」となるのですが、芸能プロダクションの社員だから、「彼女ら《アイツ》」だって「給料」とりなんです。出演料が違うのも頭にきますが、給料が違うってのはその不公平感にいっそう向かっ腹が立ちます。そういう意味の増強です。

村越さんはその年、別な作品でオール讀物新人賞を受賞しました。その後は作詞家となりました。誰あろう、山口百恵、キャンディーズ、麻丘めぐみなどのヒット歌謡を連発してきた、大御所、千家和也さんです。

方言読み

ルビふり文は読んでいて、テレビ映画の音声多重放送を聞いているのと同じ楽しみが味わえますね。

一度挑戦してみたかったのですが、いまだ果たせていません。私がやってみたかったのは同じ文章の各地の方言化です。昔、某大手電機メーカーの家電製品の広告をやっていました。たとえば洗濯機や電子レンジの広告で、全国紙ではなくて県紙を使うことがありました。コピーの要所要所の親字に、その県の方言でルビをふってみたかったのですが、労多くして効果はいかほどか、と広告主宣伝担当者の同意を得られませんでした。

いまでもアイデアはいくつか持っています。一つは、国政選挙の際の政党ポスターのスローガーン（マニフェストですかね）の中の漢字にその県の方言でルビをふってみる。若者が選挙離れしているのなら、高年齢者の票を取り込まなければならないわけです。だったら昔からのおらが県の方言で呼びかけたらどうだろう、とか。

あるいはですね、「方言ルビふり県版新訳聖書」です。聖書には全文漢字にルビがふってあります。ならば、そのルビを方言読みにしたらどうか、という思いつきです。と思って得意気な顔して話したら、即座に「あるわよ」と返ってきました！

ワイフが書棚からとってきたのは、『ふるさとのイエス』（巻末資料19）という1冊。お恥ずかしい、「方言ルビふり県版新訳聖書」とはなんと不器用な表現。「ふるさと聖書」と書くべきでした。『ふるさとのイエス』の著者（訳者）の医学博士・山浦玄嗣さんは、生まれは東京ですが出生直後から岩手県気仙郡育ち。その気仙地方には「ケセン語」があるのだそうです。

マタイ福音書には、聖書に疎《うと》い私でも聞いたことのある、

心《こころ》の貧《まず》しい人々《ひとびと》は、幸《さいわ》いである、
天《てん》の国《くに》はその人《ひと》たちのものである。

というくだりがあります。これは現在の「新共同訳」です。ケセンの人々がこれをこのまま読むと、「は～?」と絶句することになる、と山浦さんは書いています。

ケセン語では「心が貧しい人」というのは「高貴な精神が欠如していて、空想力が乏しいために、他人の痛みなど全く理解せず、しようともせず、自己中心的なさもしいやつ」という意味である。（略）
そんな「心の貧しい人」がどうして「天の国」に優先的に招かれるのだろう。

山浦さんはギリシャ語の原典を調べ、たとえば「心の貧しい人」＝「ホイ・プトーホイ・トーイ・プネウマティ」の1語1語の意味を探り、ケセンの人々に通じる表現に書き換えました。

——頼《たよ》りなぐ、望《のぞ》みなぐ、心細《こごろぼそ》い人《ひと》ァ幸《すあわ》せだ。
神様《かみさま》の懐《ふところ》に抱《だ》がさんのァその人達《ひたら゙》だ。

こうでないと、通じないのです。

柔和《にゅうわ》な人々《ひとびと》は、幸《さいわ》いである、
その人《ひと》たちは地《ち》を受《う》け継《つ》ぐ。

の節は、

——意気地《ずぐ》なすの甲斐性《けァすよ》なすァ幸《すあわ》せだ。
その人達《ひたら゙》ァ神様《かみさま》の遺産《あとすぎ》ィ受《う》げる。

となります。おかげさまで、ケセン語には「す」とか「ら゙」などのケセン仮名という日本文字があることも知りました。

このケセン語訳の問題は第6部のテーマである翻訳の書き方、読み方に通じます。山浦さんは2002~4年に念願の『ケセン語訳新約聖書/四福音書』(巻末資料20)を世に出しました。バチカンを訪ね、ヨハネ・パウロ二世の手に献呈したそうです。にわか勉強ながら、ともあれ山浦さんの偉業に頭《こうべ》をたれます。

面白く書くとは

この部は「彼女ら《アイツ》」の「給料《ギャラ》」のあたりで締めくくる心積もりでしたが、山浦さんの労作を知って、思いがけない展開になりました。

心積もりにしていたこと。それはこの部のテーマである「面白く」のだいじな意味の確認です。冒頭でエンターテインメント・コピーと書き、仲畑さんや開高さんや村越さんのとびきり愉快な表現例を選んで読んでもらいました。

読書で面白いレトリックや表現の工夫に出会ったら、チェックし、いただき読みしてください。いただき書きしてください。面白く書いてください。

ところが、そう促すと、誤解する人が少なくありません。結構います。コピー教室のようなところでそう促すと、言葉づかいの上だけで面白く書こうとする人がいます。

ひとりよがりの単なるダジャレであったり、コミックのセリフ丸写しのような文章を書く人がいます。また、ユーモアやジョークでなければならないと思い込み、悩みこんで、しまいには自信をなくしてしまう人も大勢います。

面白く書こうとする時ほど、基本に立ち戻ってください。この部のタイトルは「面白くなければ、読んでもらえない」です。ゲームの相手は読む人です。読む人が面白がるのは、言い換えれば、読む人が関心を持つものです。ユーモアやジョークだけではありません。知ってトクする情報でもいいでしょう。共感できる人生や生活の思いでもいいでしょう。感謝されるご注意でもいいでしょう。そうした中身にふさわしいそれぞれのレトリックや文体があるのです。

そのいい例がケセン語聖書です。標準語の感覚からすると、なにやら愉快な文体に読めますが、気仙の聖書読者にとっては、文体は極めて真面目で正統。心に響くのは中身の教えなのです。

第5部

書物も読者も小宇宙飛行である

それぞれに別な小宇宙

広告コピーやマスコミの記事、企画書、論文、報告書などを私は実用文と呼んでいます。実用文は書き手側の趣旨が読み手にちゃんと届き、理解されなければ実用に供しません。ですから、実用文は書き手にとっても、読み手にとっても制約があります。ちゃんと伝わらなければならないから、実用文は「書くもの」ではなくて、「読んでもらうもの」。それが実用文の鉄則です。文章のビギナーには、書く自分の意識は捨てて、読んでもらう人の意識を想像して書きなさい、とすすめてきました。読むほうもちゃんと正しく読まなければ損をします。社則や校則、交通法規や運転技術の教則本、入居契約書、製品の取扱説明書などなど。

実用文では、発信と受信が結ばれないといけません。苦労も責任も、成功も失敗も書き手の側にあるとされています。

ところが実用文ではない、小説やエッセイなど文芸の分野のものには、そのような制約はありません。書く人は書きたいから書くのだし、読む人は読みたいから読むのです。それぞれに別な人格、別な小宇宙です。書いたものは、書き手から放たれて世に出ると、これまた別な小宇宙となります。それを読む人たちはそれぞれの小宇宙に取り込みます。書き手、書いたもの、読み手、3つの小宇宙が大宇宙の中でそれぞれに浮遊しています。

非実用文は、制約から解き放たれて、自由です。いろいろな放射現象が見られます。どうしてそんな解釈をするのか、という話の行き違いが驚きであり、喜びでもあります。ミラーボールのように乱反射していいし、万華鏡のように千変万化していい。

ひろさちやさんの著書『般若心経入門』（巻末資料21）に、日本人なら誰でも知っている「兎と亀」に関する面白い話が紹介されています。

ひろさんがインドを旅行したとき、インド人に日本にはこういう教訓的なお伽話があると言って聞かせ、亀に負けた兎は、なにがいけなかったか、どうすべきだったのか、答えは分かっているつもりでしたが、尋ねてみました。

すると、インド人の答えは意外。驚きました。

インド人は三人いたのですが、いちばん年寄りのインド人がこう答えました。

「兎？　兎はノー・プロブレムである（問題ない）。悪いのは亀だ！」

「どうして……？」と、わたしは尋ねました。一生懸命に走った亀がなぜいけないのか、わたしにはわかりません。「だって、亀は兎を追い越して行ったのだろう。そのとき、亀は〝もしもし兎さん、昼寝をしていては駄目ですよ。起きなさい〟と、ひと声、声をかけてやるべきだ。それが友情というものだろう。その亀には友情がないじゃないか?!」

わたしはびっくりしました。さすがインドはお釈迦さまの国だ！　と、思いました。（略）

けれども、いちおうわたしは反論しました。（略）「あなたの言うことはよくわかる。けれども、兎と亀はゲームをしているのだろう。ゲームであれば、相手が油断しているのだから、なにも起こしてやる必要はないではないか?!」

「そうか、ゲームであれば、まあ起こさなくてもいいか……」年寄りのインド人は引っ込んでしまいました。

ところが、（略）こんどはいちばん若いインド人が助太刀を出してきたのです。

「いいや、おまえの考えはよくない。あの年寄りのほうが正しい！」

「なぜ？」

「だって、亀にはわかるはずがない」

「なにがわからないのだ？」

「おまえは、兎は昼寝をしていると言う。けれども、ひょっとしたら、兎は心筋梗塞で苦しんでいるのかもしれない。起こしてやってはじめて、病気で苦しんでいるのか、それとも怠けて昼寝をしているのかがわかるのだ。だから、やはり起こしてやるべきだろう」（略）

そして、若いインド人はこう付け加えました。「それとも、なにかい。おまえは、〝こいつは怠けて昼寝をしているのだ〟と勝手に決め込んで、自分が勝つことばかり考えているような亀を好きだと言うのか?! そんな日本人は大嫌いだ！」

違うから面白い

もう一つ、「小宇宙は別々」の事例を披露します。

柳田国男さんは日本各地の郷土民話を集めた偉人です。その書の一つに『日本の昔話』（巻末資料22）があります。その中の「わらしべ長者」は聞いたことがあるでしょう。ある1人の貧乏な男が、観音様から「このあとで最初に手にしたものをだいじにしなさい」と告げられます。男は道を歩いていて、蹴つまずいて転び、その拍子にワラを掴みました。そのワラにアブが止まりましたので、アブをワラの先に結びつけました。それを見ていた男の子が面白がり、欲しがりました。男の子の母親の申し出でミカンと交換しました。また歩いて行くと、こんどは喉が渇いている人がミカンを欲しがり、持っていた布と交換しました。そのあと、布を馬と、馬を屋敷仕事と交換するはめになり、しまいにはその屋敷が自分のものになったとさ、というお伽話です。事例として出したいのはこの「わらしべ長者」ではなく、訳あって別な話です。

二十騎が原

むかし甲州の西山に、家富み栄えた一人の長者がありました。沢山の田や畠《はたけ》を家来に作らせ、又広い林や野を持っていて、狩りなどをして日を送っていました。長者夫婦には十人の男の子がありました。それが皆大きくなって、いずれも立派な逞《たくま》しい若者になりました。或日その十人の兄弟は、野原に出て弓を射て仲よく遊びました。長者夫婦もつれ立って出て来ました。高い桟敷《さじき》をかけさせてその上に坐って見物をしていました。若い人たちは華やかな晴れ衣を着て、鹿毛や黒や月毛や、色々の馬に乗って出て来ました。そうして自由自在に野原を馳《は》せまわって、おのおの精一ぱい弓の技を、親たちに見せました。

長者はこの有様を見て大へん喜んで、傍に添うている自分の妻に話しかけました。十人の子宝は決して少ないと言われない。しかし若《も》しこの上に尚十人の男の子があって、それが共々にこうして同じ野で、弓を射て遊ぶのであったら、どんなに心丈夫で又楽しいことであろうと申しました。そうすると長者の女房は之を聴いて、それならば本当の事を打ちあけましょう。本当はこの子どもの生れる時に、どれもこれも双子で生れたのであります。余り多いと思って遠慮をして、実は今まで別の所で育てて置いたのです。直ぐに喚びに遣りますから会って下さいと言って、大急ぎで使いを走らせました。暫く待っているとこの野の向うの端から、若い武士が又十人、これも皆良い馬に乗り、花のように色々に染めた狩衣《かりぎぬ》を着て、箙《やな》を負い弓を手に持って現れて来ました。そうして長者の前に来て礼拝をしました。どれもこれも男らしく、りりしい若者ばかりでありました。それが前の十人の兄弟と入り交って、この広い野原を縦横に馬を走らせ箙を射て、日の暮れるまで面白く遊んだそうであります。

その長者の家は、長い間にもうなくなってしまいました。そうしてその家の跡が山になり野になりました。然し長者の二十人の子どもが、毎度連れ立って出て遊んだという野原は、二十騎が原と謂《い》って、久しい後まで名が残っていました。

それから少し離れた小山の麓には、又赤子沢という所もありました。長者の妻が家を建てて、その十人の双子の片方を育てていた谷だから、それで赤子沢というのだと話す人もありました。

自由読み（自分読み）

「わらしべ長者」の話は幸運な男の物語です。観音様の教えを守ることのだいじ、果報は寝て待て、一物一価の法則、需要と供給の法則による等価交換など、いろいろあるにせよ、テーマらしきものの存在が誰にも見えます。

しかし、「二十騎が原」のテーマはなんでしょうか。あなたはどう読みましたか。

私はこの話を知りあいの中から5人を選んで読んでもらい、次の質問に答えてもらうという実験をしてみました。

①面白かったか、面白くなかったか。
②それはどういうところが？
③何を言いたい話なのだと思いますか。

………

Aさん（男性・40代後半）

①面白いとは思わない。

②話が簡略化されすぎている。人物像や情緒が思い描けず、興味が抱けない。

③たくさんの子宝に恵まれることを大きな幸福とする価値観？ 因習の傍らにある母親の愛情と機転？ そのような物語に由来した地名の存在？

………

Bさん（女性・30代前半）

①原始的だけどSF的で面白かった。

②別な10人の子どもを別々のところで双子らしさを失わないように育てあげた母親の凄い知恵と努力があったからだろうと想像させられて。

③世の中には別な世界が存在するということ。しかも双子のような相似形の世界すら存在しうるということ。

………

Cさん（男性・50代前半）

①面白いとは思いませんでした。

②新たに10人の息子たちが現れ、欲の絡んだ話か、双子なのだから情に絡んだ話に

なるのかと思いきや、何の問題も起きなかった。
③一言で言えば、20人の子宝に恵まれた幸福感。息子達が立派に逞しく育つことが我が家の繁栄につながること?

………

Dさん(女性・20代前半)
①面白かった。意外な展開だけどべつに何の教訓もないノホホンとした話。こういう素朴な古民話は、昔の人達がどう思って語り継いだのか、考えさせられました。
②たとえばわたしは逆説的に考えました。女の双子20人だったらどういう話になったのだろうかと思うと、面白かった。
③そういうふうに男女の役柄をひっくり返しても、父親が山の向こうに10人を隠しておくことは不可能だっただろう。

………

Eさん(女性・60代前半)
①面白いと思った。
②映像が絵巻のように浮かんできた。ほんとうに双子として生まれたのか、憶測を逞しくした。何を象徴しているのか。願いは叶うということか。

③どんなに栄えた長者でも長い歴史の流れでは滅びていくが、歴史のワンカットは土地の名などとして残り永遠に語り継がれていく。

………

いかがでしたか。

私が思うに、「わらしべ長者」は一種、教訓的な話であるのに対して、「二十騎が原」は一種、俳句のような素朴な仕立てで、何も言っていない。どう思う? 考えて楽しんでごらん、というような話なのではないかと思います。

Dさんが男女逆転のイマジネーションを働かせたことに、私はひとつ勉強させられました。Dさんのような小宇宙の存在があるのだ、と。

また、面白くないと思う現代人（自分）と、民話として面白がり長く語り継いできた昔の人たち（まったく別な小宇宙）の違いは何なのだろうか、とも。

自由読み（他人読み）

比較するために「わらしべ長者」は教訓的な話だと書いたままで、「わらしべ長者」だって、インド人ならそうは読み取らないかもしれません。「桃太郎」だって、「かぐや姫」だって、そうなのではないでしょうか。

私はこの第5部のはじめのほうに、書き手、書いたもの、読み手、3つの小宇宙が浮遊している、と書きました。しかし「二十騎が原」の読み比べ実験で（たった5人の実験でしたが）、読み手は、自分という一つの小宇宙ではなく、他の人、他時代の人、他国の人の数だけいることに気づくべきでした。

この話を人はどう読むのだろう。友だちはどう面白がるのだろう。昔の人はどう楽しんだのだろう。反対に、面白がらない、楽しいと思わない、という逆もあります。自分には面白くないのに、人はなんであんなに面白いと言うのだろう、と。

自分以外の小宇宙の読み方も、読みたくなる。それが他人読み。他人読みは新たな気づきをもたらします。

読書は自由です。しかし、自由にどうぞ、と言われるのが、じつはいちばんコワイ。イマジネーションの能力やセンスを問われるのですから。いちばんドキドキします。

はてな読み

自由にどうぞ。もう一つどうぞ。私がむかーし読んで妙に面白い話だと思った記憶は残っていながら、中身を忘れ、こんどこの本に入れようと読み返してみたのですが、何度読み返しても、未だに妙。面白そうなのに、でもなんの話なのか言いなさいと迫られても、さっと簡単には答えられない。それが、アンデルセン『絵のない絵本』(巻末資料23)の中の「第十夜」です。

ご承知のように『絵のない絵本』は夜ごと地球の町々をめぐり、家々の窓の中に射しこむ月が見聞きしたお話です。

「わたしはひとりの老嬢《オールドミス》を知っていました」と、月が言いました。「この人は冬になると、黄色いしゅすの外套《がいとう》を着ていましたが、それはきまって新しいものでした。それがこの人にとっての、ただ一つの流行だったのです。夏には、いつも同じ麦わら帽子《ぼうし》をかぶっていました。そして、同じ青灰色《せいかいしょく》の着物をきていたような気がします。

この人は通りをへだてた向いにいる、ひとりの年とった女友だちのところへ出かけて行くだけでした。けれども、その友だちも死んでしまいましたので、去年はそれさえもしませんでした。わたしの老嬢はいつもひとりぽっちで、窓の中がわで立ち働いていました。そこには夏じゅう美しい花が咲《さ》き、冬には毛織帽子の上にきれいなタガラシがさしてありました。ところが先月は、この人はもう窓ぎわにすわっていませんでした。でも、まだ生きてはいたのです。わたしには、それがよくわかっているのです。というのは、この人があの女友だちとよく話していた大旅行に出かけるのを、わたしはまだ見ていなかったからです。

『そうよ』と、そのとき、この人は言っていました。『わたしはいつか死んだら、一生のうちにしたよりももっと大きな旅行をするのよ。ここから六マイル離《はな》れたところに、わたしの家の墓地があるわ。そこへわたしは運ばれていって、親類の人たちといっしょに眠《ねむ》るのよ』

ゆうべ、その家の前に一台の車がとまりました。人々は一つの棺《ひつぎ》を運びだしました。それでわたしは、あの人が死んだことを知りました。人々は棺のまわりにわらをかけました。それから、車は動きだしました。そこには、去年一度も家から出たことのない老嬢が、静かに眠っていました。

車はまるで楽しい旅にでも出かけるように、すばらしい勢いで町から出て行きました。国道に出ると、いっそう早くなりました。御者《ぎょしゃ》は二、三度そっとうしろを振《ふ》り向きました。もしかしたらあの人が、黄色いしゅすの外套を着て、棺の上にすわっていはしないかと、心配しているようでした。そのため御者はめちゃめちゃに馬に鞭《むち》をあてたり、手綱《たづな》をぐっと引きしぼったりしました。それで、馬はふうふう泡《あわ》をふきだしていました。馬は若くて元気でした。ウサギが一ぴき、道を横ぎりました。馬はまっしぐらに走って行きました。もの静かな老嬢は、生きているときは、年がら年じゅう家の中の同じ場所だけをゆっくりと動きまわっていましたのに、死んだいまとなって、このひろびろとした国道を真一文字に走って行くのでした。

わらのむしろで包んであった棺が跳《は》ね上がって、道の上に落っこちました。ところが、馬と御者と車とは、そんなことにはかまわずに、荒《あ》れ狂《くる》ったように駆《か》け去ってしまいました。ヒバリが歌いながら野から舞《ま》いあがって、棺の上のほうで朝の歌をさえずりました。それから、棺の上にとまって、くちばしでむしろをつつきました。そのようすは、まるでさなぎを裂《さ》きやぶろうとでもしているようでした。それからヒバリは、ふたたび歌いながら、大空に舞い上がりました。そしてわたしは赤い朝雲のうしろに引きさがったのです」

「それがこの人にとっての、ただ一つの流行だったのです。」なんてお洒落でスマートな書き出しです。「ひとりの老嬢」が「この人」になり、「わたしの老嬢」に変わっていき、優しい眼差しとゆっくりとた説明で情景を広げていき、話が静かに進んでいきます。しかし、あれれ、そのまま老嬢は棺の中で眠らされてしまいます。

そこからの展開はなんでしょう。なぜ「まるで楽しい旅にでも出かけるように、素晴らしい勢い」になってしまうのですか。なぜ御者は「あの人が、棺の上にすわっていはしまいか」と心配なのでしょうか。なぜ「めちゃめちゃに馬に鞭をあてたり」するのですか。

道を横切ったウサギはなんですか。なぜ「棺が跳ね上がって、道の上に落っこちゃったんですか。御者はなんで去っていったんですか。ヒバリがどうしたんですか。月は「朝雲のうしろに引き下がった」でいいんですか。

この「第十話」は全編情景だけです。「古池や蛙飛び込む水の音」と変わりありません。月の感情は、わずかに「わたしの老嬢」という表現にしかありません。

この1編は、訳が分からないままでいいのかも。美術館の中でしばらく足を止めたアブストラクトの名画のようなもので、私の小宇宙の中にそっと飾っておくだけでいいのでしょうか。どう思いますか。

第6部

読書家の夢は比べ読みの長旅である

うです。

「仕事が忙しくて遊ぶ時間がない」と言う人が大勢います。これを二流と呼ぶのだそうです。

一方に、テニスや、ゴルフや、釣りや、花育てが大好きで、本業の仕事が人一倍忙しいはずなのに、ちゃんとよく遊ぶ人がいます。こういう人が一流なのだそうです。オンの時間の仕事への段取りと体制づくりと集中力がしっかりしているから、オフの時間をしっかりとって好きなことをやる。「好き」ということはそういうことなのです。こんな楽しい嗜《たしな》みごとを、仕事が忙しいくらいでしなかったら沽券に関わるということ。そしてこんな嗜みごとに出会えた幸せのお返しをしようと、多くの時間を割いて好きなこととのクラブの役員をやったり、ボランティアを精力的にやったりしている超オイソガ氏の企業など組織のトップの人が少なくありません。

これが「好き」なことの一流なんだそうです。そうだとすると、私は二流か三流のままに人生を終えてしまいそうです。日々の執筆に「書いた?」「書けん」と追われるばかりで、私の夢は遠退く一方です。

その夢とは、ある読書です。究極の読書三昧をしてみたいと思ってきました。

それは、日本文学の誇りとも奇跡とも言われている紫式部『源氏物語』を耽読することです。原文を読む能力はありません。私は原文でよりも、現代語訳をたとえば書き手10人の『源氏物語』を比べ読みしてみたいのです。10人それぞれの小宇宙の中から醸し出された10とおりの『源氏物語』を比べ読みしたい。

もう一つ、シェイクスピアの『ハムレット』。これも原文で読むのは不可能。むしろ好きな日本語訳で、7人でもいい8人でもいい、翻訳者それぞれの小宇宙の中で邦文化された『ハムレット』を比べ読みしてみたい。

その夢の権利と喜びを、拙著を読んでくださっているお礼にあなたに譲ります。

比べ読み『源氏物語』

日本の古典文学の中でもかくべつ豊かな文学性に彩られている作品ゆえ、明治の与謝野晶子以来、多くの作家たちが現代語訳に挑んできました。その数は15人ほどになります。また外国語訳も20言語を超えるそうです。

比べ読みをどこのシーンでやるべきか、浅学どころかほとんど無学の私には選びようがありません。そんな場合は書き出しに限ります。前述したように書き出しは最大の勘所の一つですから。最初の帖「桐壺」の冒頭を以下に並べます。順番は、やはり最初の現代語訳、与謝野源氏からが順当でしょう。

与謝野晶子訳（巻末資料24）

最初の現代語訳は1912〜3年（明治45〜大正2年）、夫・鉄幹の力添えもあったとされるダイジェスト版でした。今日出版されているものは1938〜9年（昭和13〜14年）に世に出た第3稿『全訳源氏物語』です。出典では姓が「與謝野」となっていますが、ここでは通例どおり略字で記します。

歌人らしく訳者の歌が添えられています。

紫のかがやく花と日の光思ひあはざる
ことわりもなし　（晶子）

どの天皇様の御代《みよ》であったか、女御《にょご》とか更衣《こうい》とかいわれる後宮《こうきゅう》がおおぜいいた

中に、最上の貴族出身ではないが深い御愛寵《あいちょう》を得ている人があった。最初から自分こそはという自信と、親兄弟の勢力に恃《たの》む所があって宮中にはいった女御たちからは失敬な女としてねたまれた。その人と同等、もしくはそれより地位の低い更衣たちはましてや嫉妬《しっと》の焔《ほのお》を燃やさないわけもなかった。夜の御殿《おとど》の宿直所《とのいどころ》から退《さが》る朝、続いてその人ばかりが召される夜、目に見耳に聞いて口惜《くちお》しがらせた恨みのせいもあったかからだが弱くなって、心細くなった更衣は多く実家へ下がっていがちということになると、いよいよ帝《みかど》はこの人にばかり心をお引かれになるという御様子で、人が何と批評をしようともそれに御遠慮などというものがおできにならない。御聖徳を伝える歴史の上にも暗い影の一所残るようなことにもなりかねない状態になった。高官たちも殿上役人たちも困って、御覚醒《かくせい》になるのを期しながら、当分は見ぬ顔をしていたいという態度をとるほどの御寵愛《ちょうあい》ぶりであった。唐の国でもこの種類の寵姫《ちょうき》、楊家《ようか》の女《じょ》の出現によって乱が醸《かも》されたなどと蔭《かげ》ではいわれる。今やこの女性が一天下の煩《わざわ》いだとされるに至った。馬嵬《ばかい》の駅がいつ再現されるかもしれぬ。その人にとっては堪えがたいような苦しい雰囲気《ふんいき》の中でも、ただ深い御愛情だけをたよりにして暮らしていた。父の大納言《だいなごん》はもう故人であった。母の未亡人が生まれのよい見識のある女で、わが娘を現代に勢力のある派手《はで》な家の娘たちにもひけをとらせないよき保護者たりえた。それでも大官の後援者を持たぬ更衣は、何かの場合にいつも心細い思いをするようだった。

谷崎潤一郎訳（巻末資料25）

谷崎源氏は与謝野訳の第3稿の直前から書き出され、同じく三度《みたび》出されました。ここに載せる第3稿目の『新々訳源氏物語』が完訳です。

何という帝《みかど》の御代《みよ》のことでしたか、女御《にょうご》や更衣《こうい》が大勢伺候《しこう》していました中に、たいして重い身分ではなくて、誰《だれ》よりも時めいている方がありました。最初から自分こそはと思い上っていたおん方々は、心外なことに思って蔑《さげす》んだり嫉《ねた》んだりします。その人と同じくらいの身分、またはそれより低い地位の更衣たちは、まして気が気ではありません。そんなことから、朝夕の宮仕えにつけても、朋輩方《ほうばいがた》の感情を一途《いちず》に害したり、恨みを買ったりしましたのが積り積ったせいでしょうか、ひどく病身になって行って、何となく心細そうに、ともすると里へ退《さが》って暮すようになりましたが、帝はいよいよたまらなくいとしいものに思し召《おぼしめ》して、人の非難をもお構いにならず、世の語り草にもなりそうな扱いをなさいます。公卿《くげ》や殿上人《てんじょうびと》なども不愛想に顔を背《そむ》けるという風で、まことに見る眼も眩《まばゆ》い御寵愛《ごちょうあい》なのです。世間でも追い追い苦々《にがにが》しく思い、気に病《や》み出して、唐土《もろこし》でもこういうことから世が乱れ、不吉《ふきつ》な事件が起ったものですなどと取り沙汰《ざた》をし、楊貴妃《ようきひ》の例なども引合いに出しかねないようになって行きますので、更衣はひとしお辛《つら》いことが多いのですけれども、有難いおん情《なさけ》の世に類《たぐい》もなく深いのを頼みに存じ上げながら、御殿勤《ごてんづと》めをしておられます。父の大納言《だいなごん》は亡《な》くなりましたけれども、母北《きた》の方《かた》が、昔気質《かたぎ》の人で、由緒《ゆいしょ》ある家柄の生れなので、両親のある方々が現《げん》に評判もよく派手に暮しているのを見ると、娘もそれに負けないようにと、どのような儀式の折にも気をつけて上げておられましたが、これというしっかりした後見《うしろみ》がないのですから、何かの時にはやはり頼《たよ》りないらしく、心細そうにしておられるのでした。

比べ読みは、小手調べに細かなところから。どちらの2行目にも「人があった」「方がありました」とありますね。若い世代の読者には「いた」「いました」ではないの？と妙に感じる人がいるかもしれません。昔「居た」は「在った」でした。お伽話などでは「昔々あるところにお爺さんとお婆さんがあった、、とさ」と書き出されるのが定番でしょう。

その2行目ですが、

——深い御愛寵《あいちょう》を得ている人があった。

——誰《だれ》よりも時めいている方がありました。

原文に近い訳は前者のほうだと思います。後者の「時めく」は胸がドキドキ、ワクワクのほうではなく、「運よく栄える」「評判がいい」という意味の言葉です。それにしても表現がおおいに異なりますね。

こんなふうにどこか1節を取り出して、比べ読みに入っていってください。

円地文子訳（巻末資料26）

——いつの御代《みよ》のことであったか、女御更衣《にょうごこうい》たちが数多く御所にあがっていられる中に、さして高貴な身分というではなくて、帝《みかど》の御寵愛《ちょうあい》を一身に鐘《あつ》めているひとがあった。

はじめから、われこそはと心驕《おご》りしていられる方々からは、身のほど知らぬ女よと爪《つま》はじきして妬《ねた》まれるし、そのひとと同じくらい、またそれより一段下った身分の更衣たちにすれば、まして気のもめることひとかたではない。朝夕の宮仕えにつけても、始終そういう女人たちの胸をかき乱し、その度に恨みを負うことの積りつもったためでもあったろうか、だんだん病いがちになってゆき、何となく心細そうにともすれば実家《さと》下りの度重《たび》なるのを、帝はやるせないまでに不憫《ふびん》なものと思召《おぼしめ》され、いよいよいとしさの増さる御様子で、人の批難など一切気にかけようともなさらない。まったく後の世の語り草にもなりそうな目に立つ御慈《いつく》しみ方なのであった。

上達部《かんだちめ》や殿上人《てんじょうびと》なども、次第にこの話になると不服らしく眼をそらすようになってきて、

「いや、まったく、眩《まぶ》しいような御寵愛ぶりですな」

「左様、唐土《もろこし》でも、こういう女の間違いから事が起って、ついには天下の乱れとなるような、よろしからぬことがありました」

などと噂《うわさ》し合った。世間でもだんだんこれを困ったことに取り沙汰して、玄宗皇帝が楊貴妃《ようきひ》の色香に溺《おぼ》れて、国を傾けた例《ためし》などまで引かれるようになってくると、当の更衣の身にすれば、聞きづらく、居たたまれない思いのすることばかりであるが、唯一つ、帝の御愛情の世に類《たぐ》いないまで深く濃《こま》やかなのを頼みの綱として、表面はこの上なくみやびやかに見える後宮の女人たちの間に立ち交って宮仕えの日々を送っていた。父の大納言はもう亡くなっていたが、母親の北の方は由緒ある家柄の出の折目正しいひとであった。現在、両親揃《そろ》って、はなやかに世を張っている家から入内《じゅだい》された方々にも劣らないように、御所での晴れの儀式の折にも、更衣御自身はもとより、お供の女房の装束そのほかにも心を配って、けっこう、万事そつなく取りまかなっていられるけれども、何といってもしっかりした後見人がないので、これぞという時には相談相手もなく心細そうである。

いずれ劣らず優雅な語り口の競演ではありませんか。与謝野源氏、谷崎源氏が、唐の国の楊貴妃の史実があったとして懸念するくだり、円地源氏はこれを人々の台詞にして情景にリアリティを持たせています。

円地源氏は谷崎源氏から33年後に世に出ました。先行2著に対しての気遣いと、解釈上の円地らしさの追求と、その表現の独自性に苦労されたと思います。この後の他の作家たちにも言えることですが、文学者としてたいへん気高く、しかも強いモチベーションを抱いた者でないと挑めない仕事でしょう。

それは、私たちコピーライターにも分かる気苦労と独創性への意欲です。なぜなら、過去に何人ものうまいコピーライターが、わが家を持つことの幸せについて、酒の美味さについて、クルマの便利さや快適性について、女性の生き方について、京都や日光の美しさについて、すでに何とおりもの名作コピーを世に出しているからです。

円地さんのモチベーションの強さについて、瀬戸内寂聴さんが『わたしの源氏物語』(巻末資料27)の中で次のように解説しています。円地さんは若いころから『源氏物語』に心酔していたが、訳に取りかかったのは遅く、62歳のときで、完成は5年半後。

その間に右眼を、終えられた翌年には左眼を、網膜剥離《もうまくはくり》で手術され、八十一歳でなくなる時は、ほとんど視力を失っていた。源氏物語が円地さんの両眼を奪ったともいえよう。

円地さんは御自分の訳を、人の愛し方にたとえられ、床の間にそっと大切におく愛し方と、略奪結婚があるとすれば、自分の訳はその略奪結婚に及ぶ愛し方だ

といいきっておられる。筆のおもむくままに加筆もある円地源氏は、訳というより小説円地源氏ともいうべきもので（以下略）

この論評によれば、円地源氏もまた、私がすでにお話しした読書法、自由読みであり、円地小宇宙の勝手読みです。いただき読みの一つと言ってもいいものです。

さて、その寂聴さんの『源氏物語』も有名です。

瀬戸内寂聴訳（巻末資料28）

いつの御代《みよ》のことでしたか、女御《にょうご》や更衣《こうい》が賑々《にぎにぎ》しくお仕えしておりました帝《みかど》の後宮《こうきゅう》に、それほど高貴な家柄の御出身ではないのに、帝に誰よりも愛されて、はなばなしく優遇されていらっしゃる更衣がありました。

はじめから、自分こそは君寵《くんちょう》第一にとうぬぼれておられた女御たちは心外で腹立たしく、この更衣をたいそう軽蔑したり嫉妬《しっと》したりしています。まして更衣と同じほどの身分か、それより低い地位の更衣たちは、気持のおさまりようがありません。

更衣は宮仕《みやづか》えの明け暮れにも、そうした妃《きさき》たちの心を掻《か》き乱し、烈《はげ》しい嫉妬の恨みを受けることが積もり積もったせいなのか、次第に病《やまい》がちになり衰弱してゆくばかりで、何とはなく心細そうに、お里に下がって暮す日が多くなってきました。

帝はそんな更衣をいよいよいじらしく思われ、いとしさは一途につのるばかりで、人々のそしりなど一切お心にもかけられません。

全く、世間に困った例として語り伝えられそうな、目を見はるばかりのお扱いをなさいます。

上達部《かんだちめ》や殿上人《てんじようびと》もあまりのことに見かねて目をそむけるという様子で、それはもう目もまばゆいばかりの御鍾愛《ごしようあい》ぶりなのです。

「唐土《もろこし》でも、こういう後宮のことから天下が乱れ、禍々《まがまが》しい事件が起こったものだ」

などと、しだいに世間でも取り沙汰をはじめ、玄宗《げんそう》皇帝に寵愛されすぎたため、安禄山《あんろくざん》の大乱を引きおこした唐の楊貴妃《ようきひ》の例なども、引き合いに出すありさまなので、更衣は、居たたまれないほど辛いことが多くなってゆくのでした。ただ帝のもったいない愛情がこの上もなく深いことをひたすら頼みにして、宮仕えをつづけています。
更衣の父の大納言はすでに亡くなっていて、母の北の方は、古い由緒ある家柄の生れの上、教養も具《そな》わった人でしただけに、両親《ふたおや》も揃い、今、世間の名声もはなばなしいお妃たちに、娘の更衣が何かとひけをとらないようにと気を張り、宮中の儀式の折にも、更衣はもとよりお供の女房たちの衣裳まですべて立派に調え、その他のこともそつなく処理して、ことのほか気を配っておりました。とはいっても、これというしっかりした後見人がないため、何か改まった行事のある時には、やはり頼りないのか、心細そうに見えました。

瀬戸内源氏は楊貴妃の史実の歴史的危惧をさらに詳しく語り、邦国のこの先への心配を強め、この長編物語への関心を高めようとしています。ご自身『わたしの源氏物語』の中でこう語っています。

源氏物語の冒頭の桐壺《きりつぼ》の巻を読んだら、誰《だれ》だって何となく思い当たる節があってくすぐったいのではないだろうか。五十四帖という長い小説の最初の部分なのだから、大河小説の発端としての重みが必要なところである。私たち小説家にとっては、書きだしの数行が決まったらもうその小説の大体の出来工合はわかってくる。手応《てごた》えというのが実作者にはあるものだ。

（略）

まあ素直に冒頭から読んで、この大河小説の中に流され、まきこまれていくのも悪くない。

第3部のテーマ、書き出しの神経の集中のさせ方を思い出してください。書き手の書き出しは、読み手の読み出し。ここから2つの小宇宙の並行飛行が始まります。

上野榮子訳（巻末資料29）

この平安中期の人気小説に惹かれ、耽読するだけでなく、自分も筆を執ってみようという衝動に駆られた読み好き、書き好きの人は、推測しきれないほど多いそうです。古くは同時代の菅原孝標女が『更級日記』をしたためたのも紫式部の影響だと言われています。

いま八十路半ばの上野榮子さんもその一人です。学生時代から『源氏物語』をご自分の言葉に置きかえる秘かな嗜みごとを始め、家庭人となり、2児を育てあげ、時は流れ、母の介護をしながら、なおその筆を続け、ついに原稿用紙8千枚を埋め尽くし、全8巻の私家版を完成させました。2005年80歳になったのを機に自費出版。その偉業が日経朝刊の文化面によって世の中に知られることとなり、あらためて08年日本経済新聞出版社から上梓されました。

「訳者の思い入れを排した原文に忠実な口語訳」と高い評価を得ています。読み好き、書き好きの大先輩に敬意の拍手を送りながら読みましょう。

どの帝《みかど》の御代であったか。女御《にょうご》や更衣《こうい》が沢山お仕えしていた中に、特に、高貴な身分というほどではないが、一際目立って帝のご寵愛を受けていられる御方があった。

入内のはじめから、「私こそ帝の御寵愛を得よう」と、確信を持っておられた女御や更衣方は、この更衣の入内を、気に入らぬ侵入者だと思って、憎んだり軽蔑したりなさる。まして、同じ位や低い身分の更衣たちは尚一層気が気でない日々を送っているのである。更衣は、朝な夕なの宮仕えにつけても、同僚の女御や更衣たちの感情ばかりたかぶらせて、恨みをかったからであろうか、大変、病気が重くなって、何となく心細く思うようになり、実家に下っている事が多くなったのを、帝は物足りなく何としてもいとしくて仕方がないと、一段とお思いになって、人々の謗りや批判などもおかまいにならずに、歴史の上に汚点を残すに違いない、そんな御慈しみぶりである。

事情を知った公卿や殿上人なども、面白いはずはなく、横目でにらみながら、「何という更衣の大仰な御思われぶりよ。中国でも、確かこのような帝の偏愛が原因で、政治が乱れて世の中が悪くなりましたよ」と憂い、時が経つにつれて、この事がにがにがしく人々の悩みの種となり、玄宗皇帝の寵妃、楊貴妃の例までも引き合いに出して、あれやこれや人の噂の渦に巻き込まれるために、更衣の宮仕えは、一層不都合な事が多いけれども、帝の有難い御心ばせを、ただ一つの頼みとして、内裏での交際を続けていた。父の大納言は既に他界していたが、母北の方は、昔風の人で、由緒ある家の出なので、さし当たっては、両親揃った、世間の評判高い格式ある出の女御や更衣の中にまじっても、何一つひけ目を感ずる事のないように、母上は、御所の儀式や折にふれての装束など、こまごまとした事まで気をつけて取りしきって下さってはいるが、何といっても、しっかりとした後見者がいないので、「大事な事」のある場合が、やはり心配の種であった。

橋本治訳（巻末資料30）

橋本治さんの『源氏』は『窯変　源氏物語』となっています。窯変は陶芸にくわしくない人には馴染みのない言葉です。『広辞苑』によると、陶磁器の焼成中、火焔の性質その他の原因によって、素地《きじ》や釉《うわぐすり》に変化が生じて変色し、または形のゆがみ変わること、だそうです。橋本窯という小宇宙の中で、文体、イマジネーション、情景、情念が窯変したのでしょう。

橋本さんご自身、「語釈はしつっこいくらい訳中に入れた」と書いています。当時をよく知らない人にも分かりやすく読めます。左の引用だけでも、それが感じられます。優しく砕いて書いたために、ほかの作家たちは4〜6巻なのに、「橋本源氏」は14巻になっています。

いつのことだったたか、もう忘れてしまった——。

帝《みかど》の後宮《こうきゅう》に女御更衣《にょうごこうい》数多《あまた》犇《ひし》めくその中に、そう上等という身分ではないが、抜きん出た寵《ちょう》を得て輝く女があった。

女の身分は更衣である。

帝の寵を受ける女達の中で、更衣《こうい》とは「いとやんごとない」と称されるような身分ではなかった。帝の正室である中宮《ちゅうぐう》、その中宮を選び出す女御《にょうご》の階級に続く、妃の第二の身分であった。

だがしかし、帝の寝所に侍《はべ》り宿直《とのい》する身の女に「下等」と称されるようなもののあろう筈《はず》もない。上にあらず下にあらざる更衣の身にふさわしい寵にとどまっていれば、いかなる事件も起こりようはなかった。

にもかかわらず、その女はただ一人、後宮という閉された世界にあって、抜きん出て輝いていた。

入内《じゅだい》の初めより「我こそは」と思いのぼせている女御階級の女達は、「わずらわしい女よ」と貶《おとし》め、嫉妬《しっと》の炎を燃やした。同じ更衣の身にある女、更には同じ更衣にあっても実家方《さとかた》の親の身分が下であるような下臈《げろう》の更衣の心中は、おだやかではなかった。「更衣なる身に対する御寵愛があのようなものであれば」と思えば、それと我が身を引き比べる。

大臣家あるいは宮家より出《い》ずる女御の際《きわ》を上臈《じょうろう》と呼ぶ。中宮となるべき女は上﨟の内よりしか出ることはない。女御の官位は、男の上達部《かんだちめ》と等しく、三位《さんみ》より上を賜わる。その下の更衣の位置は中﨟、その内で実家方の身分が下がるものを下﨟と呼ぶ。帝の寵を争うことによって等しかるべき〝女〟というものの内に、身分の三階級がある——その生まれ育った家の、その娘の父という男の持つ身分をそのままにして。

　上﨟は上﨟として、中﨟は中﨟として、下﨟は下﨟として、それぞれに寵を分け合い、後宮は整然たる身分社会を形成していた——その女が帝の寵を恣《ほしいまま》にする、その以前は。

　男達は、家柄により、あるいはその上に立つ男達の引き立てによって出来上がった、整然たる身分社会の構成員だ。毎年の除目《じもく》によって、男達の身分社会はゆるやかに上昇して行く。あるものはその位をさっさと上《のぼ》せ、別のあるものはじりじりと足踏みしながら同じ位に留まっている。男達の位を上せるものは、運と引きと、そして家柄だった。膠着《こうちゃく》した平和な社会を動かすものはそれしかない。自らの肉体を投げ出して寵を競うこともかなわぬ男の社会は平和で、その男の身分に応じて寵を受ける女の世界も平和だった——その女が現れるその以前までは。

佐復秀樹訳／ウェイリー版源氏物語（巻末資料31）

『源氏物語』は前述したとおり世界20言語に訳されています。世界的な大作品であることに国民として誇りを持ちたいと思います。

その中でもっとも定評がある英訳版がアーサー・ウェイリーのもの。それをまた日本語訳にしたのがこれです。窯変どころではないようです。日本文と英文の根本的な構造の違いからくる変化、人間観の異質からくる変容が楽しみです。物語の進行が速いと言われています。

ある天皇の宮廷に（彼がいつの時代に生きていたのかはどうでもよい）、衣装の間や寝室につかえる女性たち〔更衣《こうい》・女御《にょうご》〕が大勢いたなかに、とても身分が高いわけではなかったが、ほかの者たちよりもはるかに寵愛を受けている人がいた。そのため、それぞれ自分こそが選ばれたいとひそかに望んでいた宮中の貴婦人たちは、その夢を霧散させてしまったこの成り上がり者を、蔑《さげす》みと憎悪とをこめて見た。ましてや、以前は同輩だった身分の低い更衣は、この人が自分たちよりもはるかに高い地位に引き上げられたのを見てがまんがならなかった。こうして宮廷での地位はほかの者たちを圧倒するものだったのに、彼女はたえまない嫉妬と悪意にさらされることになった。そしてまもなく、ささいな心配事で神経をすりへらしてしまい、健康がおとろえ、ひどく憂鬱がちになり、しばしば実家に引きこもるようになった。しかし天皇は、もはや健康でも快活でもなくなってしまったこの人に、倦《う》むどころか日ごとにますます優しくなり、非難する者の言葉はまったく心にもとめず、ついにその振舞いは国じゅうの噂となった。そして重臣や宮廷につかえる者たちですらが、この分別も忘れた愛着を横目でながめはじめた。人々は、海のかなたの国ではこうした出来事が叛乱と惨事とにつながった、とささやき合った。この国の民も、実際すぐにさまざまな不満を見せはじめた。そしてなかには、この女性を明皇の愛人である楊貴妃にたとえる者もいた。しかしこうした不平不満にもかかわらず、主君の愛という庇護の力は絶大だったから、あえて公然とこの人をいじめる者は誰もいなかった。

『源氏物語』の比べ読みには、9人の現代作家が9つの帖を書き並べた『ナイン・ストーリーズ・オブ・ゲンジ』（巻末資料32）があります。これも興をそそります。

比べ読み『ハムレット』

ネットで閲覧できる「ハムレット翻訳作品年史」（巻末資料33）によると部分的な抄訳から始まって全訳までが明治時代に45件も記録されています。その中で1885年の『甸国皇子班列島物語』が「坪内逍遥訳」となっています。逍遥訳の脚本が舞台に載せられたのは明治40年（1907年）ごろのようです。以来多くの翻訳家が翻訳に挑んできました。いま図書館へ行けば訳本は十数冊あるでしょう。

比較的知られた第3幕第2場、ハムレットが兵士たちを部屋から出し、一人きりになったときの独白部分を選びました。

まずはじめに、スタンダードなところで、昭和の中期に日本シェイクスピア協会会長も務めた小津次郎さんの訳から読んでください。

小津次郎訳（巻末資料34）

ハムレット　いまは魔女の動く真夜中、墓は口を開き、地獄は毒気をこの地上に吐きかける。熱い生血を飲んで、太陽が顔をそむける残忍な所業もできる。待てよ！　母上のところへ行かねばならぬ。心よ、親子の情を失うな。ネロの魂をこの固い胸に宿してはならぬぞ。残忍にはなっても、子たる身分を忘れてはならぬ。言葉の短剣をつきさしてやろう、しかし本物は使うまい。舌と心をうらはらに使おう。言葉では激しく母を非難しても、それを実行に移すことはすまい、心よ、わかったな！

では、最古の日本語訳。

坪内逍遥訳（巻末資料35）

ハム　今こそ夜の丑三つ時、墓は口を開き、地獄よりは毒気を送る。今ならば熱血をも能《え》い飲まう、昼が見ば戦《おのの》く業をも今ならば能《え》いしようぞ。まて、しばし！先づ母上に。……お、、心よ、ゆめ〳〵本性《ほんしょう》を失ふなよ。ニーローが魂をば決して此胸に入らすなよ。残忍の子とはなるとも不幸の子とはなるまじいぞ。舌を剣とするとも、手には剣を取るまじいぞ、言行表裏といはれようとも。言葉では如何に罵らうと、ゆめ〳〵手形をば押すまいぞ。

小津さんの訳は昭和40年ごろ。明治の逍遥訳とは日本語そのものの大きな違いがありますね。
つぎに別な三人の日本語訳を続けてどうぞ。

小田嶋雄志訳（巻末資料36）

ハムレット　夜もふけた、いまこそ魔女どもがうごめき出し、
墓が口を開いて地獄の毒気をこの世に吹きこむ時刻。
いまならおれも人の生き血をすすり、昼日中には
目にするだけでふるえおののくような残忍な所業を
やってのけることもできよう。だが待て、まず母上のもとへ。
ああ、それには人の心を失ってはならぬ、けっして
この固い胸に母親殺しのネロの魂を入りこませてはならぬ。
きびしくはあっても、子としての情愛は忘れないぞ。
短剣のようなことばは用いても、用いることばだけだ、

その点、舌と心はおたがいに裏切りあってほしい。
舌がどのように激しく母上を責め立てようと、心よ、
そのことばを実行に移す責めだけは負うなよ。

木下順二訳（巻末資料37）

ハムレット　もう真夜中、まさに魔女たちがうごめきだす時刻だ。墓場は口を開き、地獄は毒気をこの世に吹きつける。今ならばおれも生血《いきち》をすすって、白日のもとでなら眼をおおいおぞけをふるう残虐な行為がやれそうだが。

だが待て。今は母上のところへ。

ああわが心よ、自然の情を忘れるなよ。母殺しのネロの魂を決してこの堅い胸にはいりこませてはならぬ。激しく責めても、親子の情だけは忘れまい。言葉に剣《つるぎ》の鋭さは籠めても、本ものの柄《つか》には手をかけぬぞ。——舌と心をここでは裏腹に使いわけて、言葉ではどんなに罵っても決して行動で示そうとしてはならぬ。

分ったな、おれの魂よ！

福田恆存訳（巻末資料38）

ハムレット　夜もふけた、今こそ魔の刻《とき》。墓は腭《あぎと》を開き、地獄の毒気を吹き送る。このおれも、今なら生き血をすすり、日も目をおおう惨忍《ざんにん》な所行を、見事やってのけるぞ。が、待て。まず母上のところへ――どんなことがあろうと、人情を忘れるなよ。おのれの魂をネロに売り渡してはならぬぞ。いかに厳しく責めたてようと、人の子の情を忘れるな。言葉には匕首《あいくち》を、が、けっして柄《つか》には手をかけぬぞ。心が舌を裏切ってくれればいいのだが、どんな厳しいことばを吐こうと、けっしていい気になってはならぬ！

あなたは、どの訳に凄みを感じましたか。

木下順二さんの別な訳書（巻末資料39）の解説に、シェイクスピア学者の柴田稔彦さんが書いた次のような比較論が出ていました。参考になります。

（小田嶋訳は）

逍遥訳より現代的なスタイルであるのはもちろん、体言止めなども駆使して劇場の台詞らしくめりはりを利かし、朗誦にも耐えるように工夫されている。

(木下訳は)

俳優にとって楽であることよりも、台詞のエネルギーを生かすことを重視すべきだという理論に基いた翻訳。独特の美しさをもつ。

(福田訳は)

耳で聞いて分りやすいこと、原文にある言葉の遊びを日本語の中に開放しようとしていること、総じて知識人の占有物ではないシェイクスピア本来の民衆性をとりもどそうとしている点に特徴がある。


柴田解説と照合しながら読み直してみて、なるほどと合点がいくところが多々見つかりました。あなたはいかが?

ふつうの文章を書く場合の素朴な勉強になる個所もあります。「ネロ」です。私のように物をよく知らない者、少なくともネロの映画も観たことがなく、ネロが何をした悪者かをよく知らない者にとっては、「母親殺しの」の1語を書き足してくれたことの親切さがありがたいのです。

翻訳は別な作品

翻訳家の福光潤さんが著書『翻訳者はウソをつく!』(巻末資料40)の中で「翻訳者は無色透明な存在であれ!」と教えられたと、次のように書いています。

ガラスにキズ(誤訳)や汚れ(悪訳)があってはいけないのはもちろん、ガラスに色(翻訳者のカラー)が入っていたり、照りかえし(あまりにも美しく輝く訳文)があったら、ガラスの方が気になって、原文の本来の姿がよく見えなくなります。翻訳者は無色透明な存在でなきゃいけませんね。

これを読んだ時、なるほどな、翻訳とはたいへんな知的技術職だとあらためて敬意を抱きました。福光さんはプロフィールによると霞が関の特許翻訳専門会社でのお仕事が長い方のようです。ですから、異国の言葉の差違を超えて正しく伝わる実用文の世界の翻訳のご苦労を語っているのでしょう。通訳の仕事次第で日米両国首脳や外交官の解釈がのちのち食い違ったりすることがよくありますね。

もちろん誤訳や悪訳はいけませんが、「色」に関しては、私は瞬間、反対のことも考えました。翻訳する対象物、たとえば本書で扱っているような分野の読みものに関しては、色がついたっていいじゃないか、色がついたほうが面白いじゃないかと思います。なにしろ私はお楽しみ本位の個別小宇宙論者ですから。

主にジェフリー・アーチャーの翻訳者であった故・永井淳さんとはゴルフと酒の遊び友だちでした。その関係で寄贈していただいた長編の訳書を何冊も読みましたが、とにかく日本語の豊富な語彙の持ち主でした。こういう日本語があったのかと教えられたり、こんな格調の高い微妙な日本語表現に相当する英語があるんだろうかと感動させられたりすることを、幾度となく経験しました。

そんな時は、たとえば日本語になった小説『ゴッホは欺く』は、Jeffrey Howard Archerの『False Impression』とは別個のジェフリー・アーチャー&ジュン・ナガイ共著の日本語小説であると思って楽しみました。紫式部のいにしえの言葉のままの『源氏物語』と橋本治さんの『窯変　源氏物語』とは別個の文学作品であると考えるのと同じように。

第3部の平出隆『猫の客』で話に出た漱石文学の英文翻訳者である末次エリザベートさんもこう書いています。

原作自体は永遠に唯一であるのにたいして、翻訳は常に複数の存在を許すものである。原作はいくらでも、またいつでも訳され、「影の作者」である翻訳者の責任のもとで新たな生命を得ることができる。

これで言い尽くせています。

紫式部の『源氏物語』はこの世にたった1つの作品ですが、寂聴さんの『源氏物語』もこの世にたった1つ。10人の人が『源氏物語』を訳せば、この世に別な『源氏物語』という名の10作品が増えたことになる。『ハムレット』もまたしかり。訳者の人数分それぞれの『ハムレット』が存在する。音楽では同じ曲でも歌手、演奏者によってまったく異なる名盤になるではないか。

その尊さが、その面白さが、話の筋だけを追う、粗筋だけを読むような速読読者たちには全然分からない。比べ読みをする読者だけの至福です。

繰り返し読み

この世で『ハムレット』を10、000、000人の人が読んだら（実数はもっと多いのでしょうけれど)、10、000、000人の人それぞれが読みとった『ハムレット』がこの世に存在したことになります。

その考えをもう少し進めると、青年期に読んだ「小田嶋ハムレット」といま読むそれとは別かもしれない、と思うわけです。毎年春が来たら読むことに決めている同じ本がある、10年ごとに読み返す本がある、それもまた比べ読み読書の最高の醍醐味です。そういう本を持っている人は幸せです。私は何冊か持っています。その文庫本はページは日焼けして茶色、表紙もボロボロですが、親友です。

少し前に音楽も同じだと書きました。あるヴァイブ奏者の名演奏録音と高校生時代に出会い、LPを3枚すり減らし、カセットテープも何本かダメにし、いまはCD。もう何百回も聴き耽っていますが、聴くたびごとに奥のほうの音があらたに聴こえてきます。それまでに聴こえなかったことが怖く思われ、聴こえてきたことに人生を思い、深く感銘します。

読み返すほどに深く感じてくるものがある、逆に、加齢とともについてはいけなくなるものもあるでしょう。自然の成り行きです。大好きだった人との仲にも出会いと別れがあるように。

第7部

好きならばこそ
見つめ、調べ、読み、書く

コピーライターは光源氏？

コピーライターは、広告主からコピーを頼まれると、その会社とその商品とその商品のセールスポイントが好きになります。好きにならなければ書けるものじゃありません。さらに、その商品をすすめたいマーケティング上のターゲットの人々が好きになります。

好きになるということは、愛することと言ってもいいし、思いやりを込めることと言ってもいいし、コミュニケーション上のサービスで精いっぱい尽くすことと言ってもいいでしょうし、責任感を抱くことと言ってもいいでしょう。実際は、たとえばあとで不良商品だったりした場合、具体的な責任などとれません。ですから、責任感を抱くのが精いっぱいの努めです。

その商品のセールスポイントを説明されると、すぐ惚れます。コピーライターは惚れっぽい人間です。で、困ったことに、A社のクルマXの広告キャンペーンが終わって、翌月B社のクルマYのコピーを頼まれて、Yのいいところを説明されると、こんどはYに惚れます。コピーライターにとって「依頼」は惚れ薬です。そういう技術職なので仕方がありません。職業的な性《さが》です。ただし、長年C社のビールZの仕事をしたために、その仕事から離れても、Zを愛飲し続けることはよくあることで、惚れ込んだら、操のたて方には並々ならぬものがあります。

書く作業、書くテーマ、読んでもらう人、読むこと、読む本、書いた人を好きになることは、いいものを書き、読んでもらい、自分自身が読む上で、絶対的な条件です。たとえ批判的な結論を出すことになったとしても、まず好きになって（思いを寄せて）書いたり、読んだりするわけで、批判や批評は否定や無視ではありません。

読んでいて、あそこの書き手は、このことを好きになってるな、ということが分かります。文章に出ます。好きになると、人はどういう文章を書くでしょう。

愛情表現の擬人化

大正時代の粋人で、絵画に、俳諧に、食、とくに和菓子と魚介類に通じた岩満重孝さんのエッセイ集、名著『百魚歳時記』（巻末資料41）の1編「赤貝」を読みましょう。

―――

赤貝、文字通りアカガイと読む。

赤貝はフネガイ科の食用貝として誰でも知っている。

一見するとサルボウに似ているが、縦条が四〇本ばかりあること、殻が少し横に長いこと、それにもうひとつ、殻が大きくて割合に厚身が薄いこと、などで判別がつく貝である。

この味良く旨い赤貝はすでに石器時代から食用とされていたらしく、貝塚の中から多量の殻が発見されている。

何とも貴重な貝で敬礼である。

この赤貝の産地は、東京湾、伊勢湾、瀬戸内海、有明海と、幅広い分布である。棲息場所はどこか、というと内湾の海中、一〇メートルから二〇メートルのところにお住まいだ。

この貝の特徴は他の貝、蛤や帆立貝のように水中を走れぬことだろう。何しろ他の貝のように入水、出水の管がないので、ひたすら水中に潜《もぐ》っているより致し方ないのである。

「味気なくないか?」

と一度、彼に訊ねてみたことがある。そうしたら返事が哀れをそそったねえ。

「諦めております」

ちらっと彼をみたら、きらりと一筋、涙の跡。

元気を出せ！


この貝の産卵期は夏。

産れた卵は体長〇・三ミリほどに達すると、自らすすんで海底へ沈みこんでゆき、生活を始める次第。

そうして三、四年たつと一人前になって、多くの人さまを味で喜ばすことになる。

赤貝料理の旨い食べ方。それは剝身にして塩水でよくもみ洗いし、紐と内臓を除き、身を二つ切りにして山葵醬油で食べること。絶品というべきだろう。

他に鳥取、島根の沿岸地方でよく作る赤貝飯と殻蒸しが旨い。赤貝飯は赤貝、牛蒡、人参などを炊きこんだ五目飯なり。


お分かりでしょうね。「敬礼」とは擬人化した賛辞です。「生息地」と書き出しながら「お住まい」となり、「彼に訊ねて」となり、赤貝のほうもついに「諦めております」と答え、「一筋、涙」を流します。これが岩満さんの愛し方です。「元気を出せ！」と呼びかけながら、でも、山葵《わさび》醤油で食っちゃうのです。愛すればこそでしょう。私も赤貝は大好物ですが、愛の深さが岩満さんに及びません。なぜなら、まだ赤貝飯にして食ってあげていませんから。

岩満さんは赤貝を書いていると赤貝を最愛の彼として書いていますが、前のページでは鱈を、次のページでは蝦海松貝《みるがい》を、世界に君一人のような最愛の言葉を並べています。これが本当です。岩満さんも〝光源氏〟なのです。

擬人化法は文章を楽しくし、テーマを親しみやすくします。ビジネス文書でも、ちょっと軽い擬人化をしてみると、読んでもらいやすくなります。その企画や製品・技術に対する書き手の自信や愛着が伝わりやすくなります。

名前で呼ぶ愛情表現

私はかつて協和発酵という会社の企業広告シリーズを、新聞紙上で24年間もやらせてもらいました。協和発酵は、社名にあるとおり発酵法というバイオテクノロジーで、微生物の力を生かして数々の医家向けの医薬品などを開発してきました。新薬の開発には10年20年という歳月を要します。そうして成果の出た開発ストーリーを題材にしてコピーを書き、デザインしてきました。一目見て同社の広告であることが分かるように、新聞1ページの真ん中に縦長のコピースペースを置いた独自のレイアウトでアイデンティティを持たせました。

あるとき、カビの研究はテーマにならないかという話が持ち上がりました。大学生時代から始め、同社に勤務してもずっと一貫してカビを研究している通称カビ博士がいました。十余年、電子顕微鏡を覗き、一万余株の性質を検索、分類し、新種の菌株も15種を見つけながら、かつてのペニシリンのような製品化にはたどりつけないでいました。私たちは、成果は出ていないけれども、こういう研究をし続けていることは企業力のIR（株主への広報活動）になると判断しました。

取材に行きました。1株ずつ鉛筆で精緻にスケッチされた往復ハガキ大の用紙が山積みされていました。どれもヒトデ形の変形で、似ています。用紙にはそれしか書いてありません。博士は1枚1枚見せてくれながら、「これはATの○○」「これはLEの○○」と自分で作ったという分類・整理番号を口にしますが、用紙にはそれは記されていないのです。

そのうち博士は「これは」「あれは」と言うだけでなく、「こいつは」と言って目を細め、特徴や性質を話していましたが、そのうち「この子は」「あの子は」「彼は」と呼んで微笑んだりするようになりました。カビという微生物も確かに生き物には違いありません。でも人ではありません。博士がこうして1つ1つのカビを人の子のように呼び、目を細めて1人1人を語るような表情に接し、私は心を打たれました。

コピーの中で書くことは、稀有な研究者、カビ博士の存在とその執念と、その研究がいずれ第2、第3のペニシリンのような大成果につながるであろう開発事業の将来性です。十分に聞き出せました。あとは博士のカビ1株1株に抱いている愛情をどうコピーにして表現するか、それが今回のコピー表現の課題だと思いました。そのアイデアは取材が終わるころには頭の中にできていました。

このシリーズのヘッドラインは「縦組みで同じ長さの2行」とスタイルを決めていました。私は帰りの電車の中で取材手帳にヘッドラインを書きつけ、オフィスに戻るまでには書き上げていました。

――

カビ彦、カビ子、カビ太郎、カビ美、カビ輔、
カビ恵、カビ衛門、カビ代、カビ也、カビ乃。

カビ博士にとっては、こんな思いなのだと思いました。ちょうど青年が「あの子」を

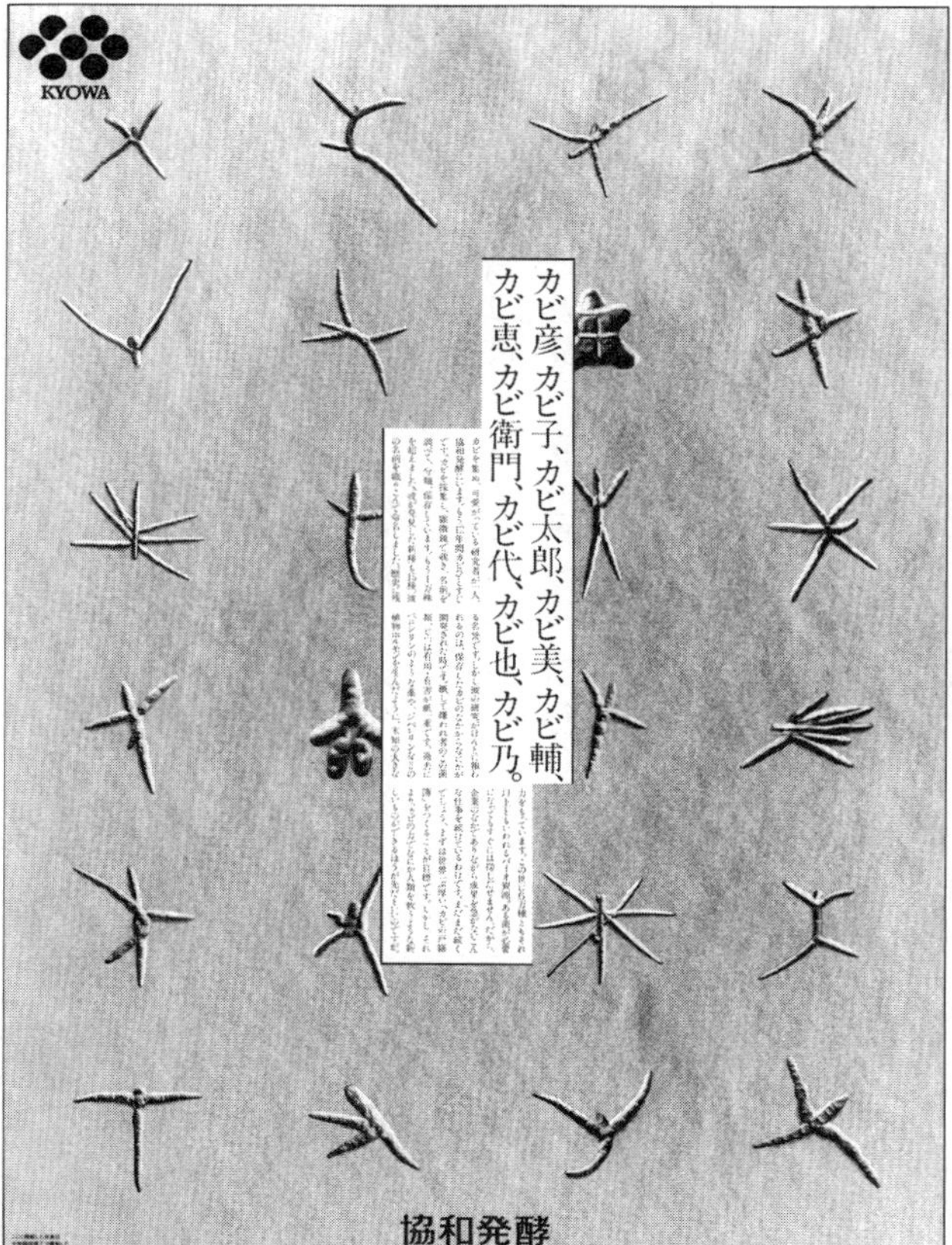

コピーライター／鈴木康之
協和発酵／「カビ博士」／新聞全15段
『コピー年鑑1990』より

見初《そ》め、友だちに「彼女」と話し、本人に「君」と打ち明け、やがて「花子さん」「花子」「おはな」と呼ぶ仲になったというような思いなのだと思いました。

人間観察

岩満さんが赤貝を「彼」と呼んだこともカビ博士がカビを「この子」と呼んだことも、好きだから対象を丹念に見つめ、調べ、心をこめたつきあいから自然に生まれたレトリックです。読書にも、書くことにも、対象に対する真摯な構え方がだいじです。速読読書や文章の早書きにはその構えがまったくありません。

私の兄貴分だった故・赤井恒和さんは、コピーライターとして最初に観察することのだいじを唱えた人でした。そういう論説を本や雑誌に書いていたわけではありません。実作して見せ、人間観察派コピーライターと呼ばれました。

もっとも親しい飲み友だちでもありましたので、観察の極意を聞くことができました。太宰治、永井龍男、吉行淳之介などを愛読していましたが、「コピーライターが文学の読書以上につねに心がけて読まなければならないのは人間読書、社会読書だよ」と言ってくれました。

コピーライター／赤井恒和
生命保険協会／「親子」／新聞全７段
『コピー年鑑1972』より

良くも悪くも自分に似て来る。ヤなような、うれしいような…

片ヒジをつく。唇をかむ。ちょっとした自分のクセを、わが子の動作に発見してドキッとする。セッカチなところも自分にひきうつし。蛙の子は蛙だなあ……ヤな感じもしないではないが、わが子への血をわけた愛がなにやら熱くこみあげて来る。この子のことを心の底から考えてやれるのは、地球上でただひとり。わが子の長く大切な人生のために黙って当然のように生命保険にご加入になる。お父さんの共通の気持です。

赤井さんはお父さんではありませんでした。お子さんがいませんでした。でも、こういう親子の風景、父親の心の風景をふだんからじっと観察していたのです。私は酒杯を交わしながら赤井さんの口から漏れる言葉をメモしていました。それを『名作コピー読本』に次のように書きました。

そのとき、人はどういう顔をするか。そのとき、人はどういう晴れがましさを覚えるか。そのとき、人はどういうクセを見せるか。そのとき、人はどういう気づき方をするか。そのとき、人はどういう痛みを感じるか。そのとき、人はだれに、なにを話したくなるものか。

いろいろな「そのとき」があり、さまざまな「人」がいます。人間観察はいっときも休めないほどチャンスに恵まれています。

食卓の家族たち、訪ねてきた友人夫妻、訪ねて行った他人の家、最終電車の中、スーパーマーケットの売り場やレジ、信号待ちの交差点、招かれた結婚披露宴、日曜日の遊園地、葬式、テレビドラマ、映画、新聞の社会面、人生相談欄、そして、鏡の中の自分自身……。

赤井さんと行動を共にすることが多かったので、ある日、新聞で新しい赤井コピーに出会うと、あのときのあの話だな、あそこでのあの一件を書いたな、と思い当たることがしばしばあり、その都度、やられた、負けた、の思いでした。

岩満さんは粋人の目で、カビ博士は電子顕微鏡で、好きな対象を観察しました。赤井さんは好きな人間たちを標準レンズで観察しました。望遠レンズでも広角レンズでも、もちろん接写レンズでもなく、ごく普通の標準レンズで。

レンズと言えば、前出の親子の写真を撮ったのは、電通時代の荒木経惟さんです。

赤井さんはコピーの歴史に名作をたくさん残し、働き盛りに急逝しました。

社会観察

人間観察コピーで全盛期の赤井さんを超えたかもと思わせてくれるのが、第1部の岩崎俊一さんです。その岩崎さんのもとで苦節10年、社会観察の達人になったのが岡本欣也さんです。岩崎さんと組んだ作品も一人で書いた作品も前著『名作コピーに学ぶ読ませる文章の書き方』に紹介しました。

日本タバコ産業（JT）はもうだいぶ前から雑誌のシリーズ広告「大人たばこ養成講座」で喫煙マナーを呼びかけてきました。そして2003年からは新聞、雑誌、ポスターなどで「あなたが気づけばマナーは変わる。」という切り口の鋭い観察眼とコピー表現のマナー・キャンペーンになりました。

700度の火を持って
私は人とすれちがっている。

などを前著で紹介しています。

このシリーズのコピーはたいへんです。ＪＴの顧客である愛煙家と迷惑を被っている嫌煙家、相反する両者に共存を納得してもらわなければならないからです。気配りを少しでも欠かしたら、どちらかの側からブーイングが起こるという神経の疲れる仕事です。まさに1文字、1語、1句の適切さで共存の世界を保たなければなりません。

前に書いた「気」を働かせないといけない仕事です。

キャンペーン・スローガンの「あなたが気づけばマナーは変わる。」を2、3文字だけ変えさせてもらうと、本書のスローガンになります。いいですか。

「あなたが気づけばコピーは変わる。」「あなたが気づけば文章は変わる。」とね。

近年、ＪＴは、(財)交通道徳協会、ＪＲ各社との協力で喫煙マナーと乗車マナーとのタイアップ広告を展開しています。横長のポスターにそれぞれのコピーを並べて注目度を高めています。岡本さんは、それぞれを次のように書き並べています。右2行がJTのマナーキャンペーンの継続、左2行が(財)交通道徳協会、JR各社の呼び掛けです。いくつか紹介します。

クツ底で火は消えるけど、
吸いがらまでは消えない。

　座って、足を広げた。
　となりの席が消えた。

……

肩がぶつかったら謝るのに、
煙がぶつかっても謝らなかった。

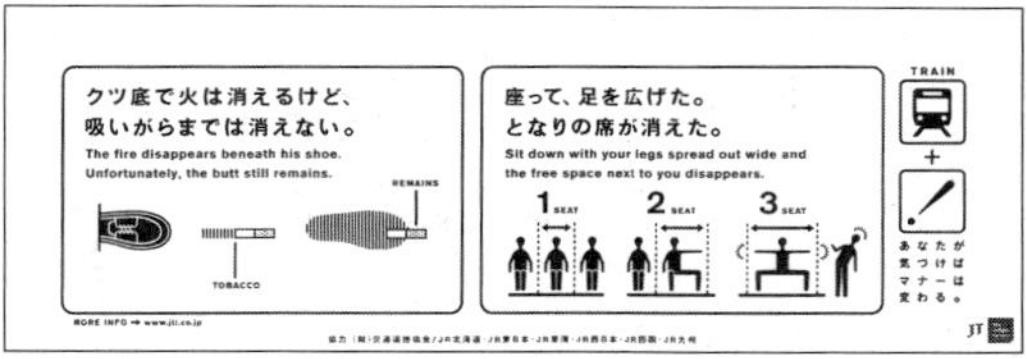

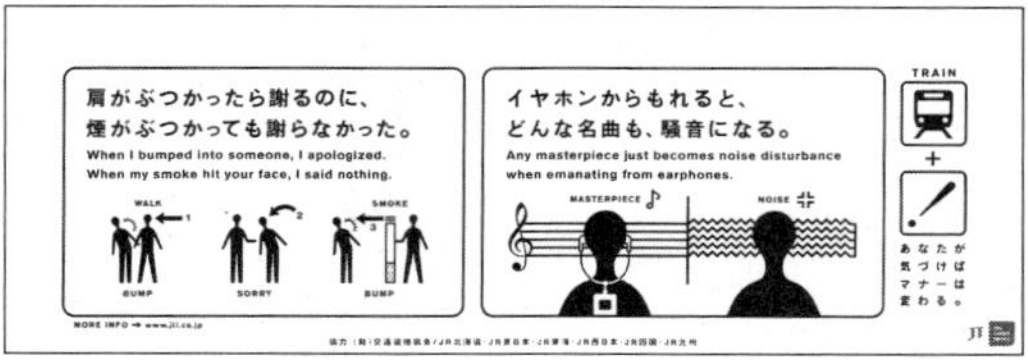

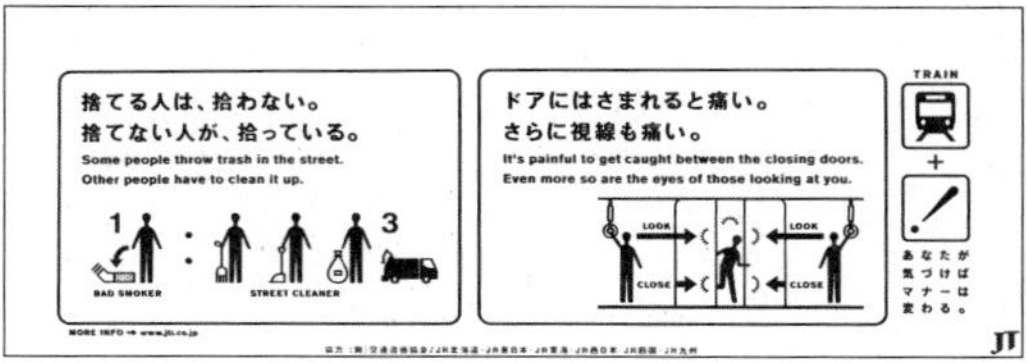

コピーライター／岡本欣也
JT、（財）交通道徳協会、JR各社／「マナーシリーズ」／車内ポスター
『コピー年鑑2008、2009』より

イヤホンからもれると、
どんな名曲も、騒音になる。
………

捨てる人は、拾わない。
捨てない人が、拾っている。

ドアにはさまれると痛い。
さらに視線も痛い。
………

火の粉が飛んだ。
被害者が、自分でよかった…。

席をゆずった。
タダなのに喜ばれた。

強い説得力のある共感度があるでしょう？ 1語、1行が適切、ベストだからです。他の1語、1行に変えてみてください。勉強です。やってみてください。やはりこの1語、この1行だと納得するでしょう。

岡本さんも観察の達人ですが、文章の天才かどうか。コピーライターの中に私は天才と呼べる人を何人も知りません。1人2人いるかどうか。名手と呼べる人は何人もいますが、みんな天才ではなく、努力型です。考え直したり、書き直したりすることにかけては並外れた努力家なのです。

岡本さんもそうだと思います。呻吟《しんぎん》して書き上げたものです。岩崎さんがかつてのボスだった坂本進さんのことを「腕組みして、うーうー唸って部屋の中を歩き回っていましたっけ」と言っています。

1文字、1語、1行の「最適」を見つけ出すために、なんどもなんども考え直し、書き直したはずです。文字数はたった数行のものであっても、疲労感や達成感や不安感は1冊の本を書き上げたのと同じです。

文章を書くことは読む人とのゲームです。読む人は書いた人の思いと違った読み方をします。ですから、書くということは、書いたものを、読む人の目で読むことでもあります。他人の目、他人の頭で読むこと。第5部で楽しんでもらったように、他人は思いがけない読み方をします。へんな読み方をしてくれます。広告コピーやビジネス文書のような実用文ではそのことが非目的的なこと。とても危険、失敗です。

しかしそれとは反対に、文芸などの世界では、人が勝手に読むことがじつに愉快なのです。小宇宙の個別性。

調べ読み

書くための観察のだいじに匹敵するのが、読むときの調べです。

たとえば、次の例文、藤沢周平さんの「聖なる部分」(巻末資料42)のひとくだりを読んでみましょう。なお、この1編は藤沢さんの時代小説ではありませんけれども、せっかく引用させてもらうのですから、次の9行は第2部で紹介した「藤沢周平作品に似合うように」と字游工房が設計した「游明」という書体で組んでみます。

そういう子供だったから、学校から帰ると鞄をほうり出してすぐに遊びに行くのが日課だった。

そしていったん外に出れば、そのころはいたるところに遊びの種があった。草笛を鳴らし、笹舟《ささぶね》をつくり、スカンポや野いちごを喰《た》べ、木にのぼってスモモを喰《く》い、ヨシキリの巣をさがし、ムクドリの巣から子供をさらい、メダカやドジョウを捕った。

夏は朝から日暮れまで泳ぎ、冬は雪道をつくったり、スキーで滑ったり、カマ（カマクラ）をつくったりした。中でも私たちは、若干の悪意とユーモアのこもる仕掛け、雪の落し穴づくりにどんなにか熱中したことだろう。

年配の読者の方にはお分かりでしょうが、若い方だと「草笛」ってどういう草をどういうふうにして鳴らしたものか分かるでしょうか。「笹舟」は？「スカンポ」ってどういうもの？「スモモ」は？「ヨシキリの巣」は？

私でも知らないものが2つ、さっと説明できないものが2つあります。私は読書の中でこうした不明に出会ったら、すぐに辞書を引いて調べます。電車の中で読んでいる場合は、ページの角を折るなりして、後で調べます。そうしないと読書が前に進みません。不明を不明のままにしておいたら、読んだことになりません。調べて、知って、覚えて、馴染んで、その言葉が自分の頭の中の言葉の仲間に加わるのです。その言葉や知識が、その後、必要になったとき、私を助けてくれます。別なタイプの調べ読みをもう一つ体験してください。武田泰淳さんの『新・東海道五十三次』(巻末資料43)の中の一節です。

原宿、吉原、蒲原、由井、興津《おきつ》。

古風な瓦屋根が軒をつらねた、このあたりは、五十三次らしき面影をのこしている。

しかし、旧東海道の面影をのこしていることは、つまり急激な変化から取りのこされていることになるであろう。

昔ながらの家並のつつましさ。暗さ。よりそって伝統を守っているたのもしさ。昔なつかしい、ひっそりとしたたたずまいが、私だって、きらいであるはずがない。

江尻、府中、鞠子《まりこ》、岡部、藤枝、島田、金谷、新坂《にっさか》、掛川、袋井、見附、そして浜松。

――その一つ一つの地名には、それぞれの消し去りがたい想いがにじみ出ている。こもっている。くすぶっている。

「原宿」とは東京の山手線・渋谷と代々木の間の「原宿」でしょうか。違います。あの街は東海道ではありません。「府中」とあるのも、中央道沿いの競馬場のある「府中」ではありません。

ではどこか、調べてください。自分で調べてください。「原宿」から「興津」までとは、いまのどこで、その距離は？「江尻」から「浜松」までは？ いまはパソコンですぐに調べられるでしょう。

私の手元には関東の地図があります。計ってみると、原宿↓興津間約33キロ、約8里、さらには江尻↓浜松間約82キロ、約20里半という長丁場の街道だということが分かります。

分かってみてはじめて、

その一つ一つの地名には、それぞれの消し去りがたい想いがにじみ出ている。こもっている。くすぶっている。――

という泰淳さんが描きたいと思っている世界へ入って行けるのです。入って行けて、泰淳さんを読むことになります。

思い浮かべ読み

わざわざ調べるほどのことではないにしても、記述に反応すればするほど、読書の楽しみが深まるチャンスに恵まれます。

池波正太郎さんの小説には珍しい『原っぱ』（巻末資料44）という現代小説があります。その書き出しが素晴らしいので、読んでみましょう。

そこに「A駅」「B駅」が出てきますが、あえて駅名が書いていないのですから、そのまま読み飛ばしても悪くはありませんが、もしAとBに思い当たるところがあれば、あそこだと思い浮かべて読んだほうが面白いに違いありません。思い浮かべ読み、または反応読みです。

間あいだに読者としての私の反応を書き加えていきます。

――地下道には、昼も夜も同じ燭光《しょっこう》がゆきわたっている。

なるほど地下道というところはそういうところですね。ということは、この小説は話の中に昼と夜の違いが象徴的に描かれるのかもしれないぞ。

――その日、そのとき、牧野は都心の地下鉄A駅とB駅をつなぐ地下通路を歩いていた。

どこだろう。地下道でつながっている2駅は神田にも大手町にも池袋などにもある。私は多分、銀座駅と東銀座駅ではないかと思いました。なぜかというと、池波さんはあの界隈がお好きで、劇場もいくつかあり、エッセイの中にもご贔屓にしていた有名店が多く書かれているからです。

――幅十メートルほどの通路の中央には、ふとい円柱がつらなっている。

そう、間違いありません。銀座線銀座駅と日比谷線東銀座駅との間の晴海通りの下の地下道は中央に太い円柱が連なっています。

牧野は円柱の右側の通路を歩いていたが、B駅近くの円柱の陰へ身を寄せている老人の浮浪者を、見るともなしに見た。

そうそう、昔居ました。いまは居られないようになりましたが。

老人は、ズボンをゆるめ、何かしていた。

虱《しらみ》を取っては、指先で潰《つぶ》すことに熱中しているのだ。

（やっているな）

牧野は、微笑を洩《も》らした。

軍隊や、終戦直後の東京で暮したものには、虱取りの経験がないものは先《ま》ずあるまい。

六十をこえた牧野にとって、虱はなつかしい存在だったし、疥癬《かいせん》のかゆみも忘れない。

小学校2年生で終戦、疎開から戻ってきた私も、その生き残りに食われた覚えがあります。ところで、銀座駅に向かって歩いているのだろうか、その逆だろうか。

東京にあった牧野の家は、戦災で三度も丸焼けになってしまい、母は三度目の空襲があったときに死んだ。

B駅まで来て、街路への階段をのぼりかけた牧野の足が急に停《と》まった。虱を取っていた老人の横顔に見おぼえがあったからだ。週に一度は、この通路を歩く牧野だが、これまでは老人に全く気づかなかったのである。老人は最近になって、この地下通路に住みついたのであろう。

戦場の兵士がかぶっている鉄兜《てつかぶと》のように変色した夏帽子、古びた背広の上着と黒いズボン。よれよれのレインコートに灰色のマフラー。そういったものを身につけた老いた浮浪者の横顔は、意外といってよいほどに端正で、その顔が、わずか三分か四分の間に牧野の脳裡《のうり》からはなれなかった所為《せい》もあったろう。

(まさか?)

おもいながらも、牧野は身を返した。

円柱のつらなりは銀座駅寄りにあります。B駅近くの円柱にいた老人に気づいて、「B駅まで来て、街路への階段をのぼりかけた」とあります。B駅が銀座駅だとすると、すぐに階段です。「三分か四分」はかからない。都営浅草線との交差もあって地下階段の上がり下がりが複雑で、日比谷線東銀座駅の地上出口までは結構時間がかかります。ですから、私の頭の中ではこの劇作家は銀座駅から東銀座駅に向かって歩き、都営浅草線との交差の手前の円柱で老人に気づいたことになる、という方向感覚が生まれ、足取りのイメージがつかめてきました。

いやいや、もうそれはどっちでもいい、思い浮かべ読みを早くやめにしようと思いました。第3部でテーマにした書き出しの好例。ぐいぐいと引きずり込まれるではありませんか。ごらんなさい、1行1文のテンポです。

牧野は、大劇場（商業演劇）の劇作家だが、いまは、ほとんど仕事をしていない。いまの、変貌《へんぼう》してしまった演劇界に、牧野の出る幕はないのだ。

劇作家だけに、牧野は人の顔、人の声にどうしても関心をもつ。

むかし、いそがしく仕事をしていたころは、電話の声ひとつにも、あれこれと憶測するものだから、

「あなたは、人の表情や声に敏感すぎる。関心をもちすぎるんですよ。そうしては無用の心配をしたり、怒ったり、よろこんだりするのだから……」

十五年前に病死した妻の勝子《かつこ》に、よくそういわれたものだった。

こうした牧野なので、老浮浪者の横顔に一種の印象を受け、それが古い記憶の底から、ある人の顔を想起せしめたのだろう。

近ごろは、好きな映画を観《み》ても、観るそばから忘れてしまう牧野だが、そのかわりに、古いこと、たとえば子供のころの一情景などが鮮明に甦《よみがえ》ってきて、

（こんなこと、一度も、おもい出したことがなかったのに……）

おどろくことがある。

とにかく、牧野はA駅の方向へ歩きはじめた。

老人は、まだ虱を取っている。

かなりの距離をおいて通りぬけながら、横顔を素早く見た。

牧野の動悸《どうき》が激しくなった。

A駅の近くまで来て、牧野は引き返した。

今度は円柱の左側の通路を、壁に沿って歩き出した。

依然、老人は虱との格闘に夢中になっている。

汚垢《おこう》にまみれた横顔には、血の色がなかった。

（そうだ。佐土原《さどはら》先生に間ちがいはない）


このあと、劇作家は夕闇の街へ出て、「M堂」なる店に腰を下ろし、ぼんやりとして煙草をふかします。「M堂」も私は思いあたりました。

店内まで思い浮かべることによって、劇作家の「ぼんやり」感がよく推察できるような気がします。

思い浮かべ読みは、なにもこういう地理や場所的なものだけでなくても有効です。人間のタイプ、食べ物の味、暑さ寒さなど、自分の体験を生かして思い浮かべ、イメージを膨らませて読んでいくと、読書の喜びは数倍深まります。

思い浮かべ読みは反応読みの一種です。

反応読みは、第8部の参加読みにつながります。

第8部

読み書きトレーニング
自由参加型読書のすすめ

口出し読み

娘が幼いころ絵本を買ってあげると、「その上に色を塗ってごらん、絵を描いてごらん、なにか言葉を書いてごらん」と言ってあげました。面白がって、太陽を描いたり、自分のつもりの女の子を描き足したり、「おりこうさん」と書いたりしました。そうして、その絵本は、世界に1つしかない娘だけの絵本になりました。小学校入学の保護者面接の時、それらを見せたら、先生は相好をくずして賛同してくれました。私は、学校に入れたのはおれのおかげだぞ、とよく威張りました。

読書は読者の自由です。どう読むのも自由なら、書き込みも自由です。図書館の本はいけませんが、買った本なら、なにを書き込んだっていい。書き込んだ本を持って行って、「お客さん、これはだめです」と買い上げない古本屋のオヤジがいたら、まったく本というものを知らない本屋です。私は前の持ち主の書き込みやアンダーラインがある古本が好きです。いろいろと想像させてくれたり、こちらを刺激してくれたり、しばしその人と無言の会話ができるからです。

さて、読み書きのトレーニング方法をいくつか並べましょう。

ここに土屋耕一さんのエッセイの中のひとくだりがあります。土屋さんは「コピーの殿堂」入りした名人にして大先輩でした。回文でも有名です。エッセイ集も何冊も出しました。「一級鍋士」(巻末資料45)と題するエッセイの中の10行です。


鍋をかこんでいると、おのずと人柄があらわれる。

ものぐさがいる。キチョーメンがいる。のんきがいる。

せっかちがいる。神経質がいる。非衛生がいる。

世話女房がいる。遠慮のカタマリがいる。甘ったれがいる。

優雅がいる。ワハハハハハがいる。傍若無人がいる。

一人で先行してしまうのがいる。後からじっくりついてくるのがいる。

肉から野菜へという味の起承転結を守る派がある。ごちゃまぜョごちゃまぜョ、という闇鍋派もある。

とまあ、実にいろいろ雑多な性格が、盛り場の看板のように賑やかにひとつの鍋を取り巻くことになるのだが。


こういう文章に出会ったら、受け手に立って面白がって読むだけでは損です。参加

読みしてください。口出し自由です。たとえば、
　人まかせがいる。
　気どり屋がいる。
　利いた風な受け売りがいる。
　アタシそれ嫌いと水さす阿呆がいる。
　無闇に有り難がる恵比寿大黒がいる。
　茶碗たたいてチャンチキおけさがいる。
という具合に。あなたにも宿題。あと5つ、出してください。

はめ替え読み

次のトレーニングは、藤原正彦さんの『遥かなるケンブリッジ』（巻末資料16）からの強烈な例文です。

女房の英語クラスで配られた、「イングランド人は各国をどう見るか」なる一覧表は興味深い。イギリスはイングランド、スコットランド、ウェールズ、北アイ

ルランドの集合体であるが、その主要部をなすイングランド人の偏見ぶりがよく見てとれる。

中国人＝ずるい。礼儀正しい。
日本人＝残酷。働き蜂《ばち》。
アメリカ人＝自慢好き。金持。
ドイツ人＝戦争好き。効率的。
ロシア人＝合理的。我慢強い。
イタリア人＝臆病《おくびょう》。陽気。
フランス人＝情熱的。頭の良い。
スペイン人＝陽気。誇り高い。
ユダヤ人＝音楽好き。金銭欲の強い。
スコットランド人＝卑《いや》しい。けち。
アイルランド人＝短気。呑《の》んだくれ。
イングランド人＝ユーモア。スポーツマンシップ。

この例文では、○○人のところに、友人、同僚、政治家、芸能人などの名前をはめてみる。ちょっと暗いトレーニングになるかもしれませんけれど。これも比較列挙文のレトリックの一つです。

口出し読みにしても、はめ替え読みにしても、第7部でテーマにしたふだんからの人間観察の努力次第です。鍋の席で誰を、何を見てとるか。職場での同僚Aと同僚Bの違いを観察、それをちゃんと言葉に置き換えているか。

人間観察ができるようになればなるほど、面白くなっていき、あなたの言語経験、知的蓄積が豊かになっていきます。

割り込み読み

前の部の、池波さんの書き出しでA駅、B駅について私が思い浮かべたことを差し挟んで書いたように、目の前の本の活字の中に割り込んでみましょう。対談や鼎《てい》談物がいいでしょう。ひとつ実演してみましょうか。

ここに、高橋義孝さんと山口瞳さんの『師弟対談　作法・不作法』（巻末資料46）があります。高橋先生は江戸っ子でドイツ文学者で、横綱審議会委員長。山口先生は直木賞受賞の超人気作家で、「トリスを飲んでハワイへ行こう」を書いた元コピーライター。

昭和を粋に生きたご両所です。

ちょうどいい具合に「名文とは？」と題するページがあります。両先生の発言は1字1句原文どおりそのままにして、私が割り込みます。

——

高橋 きょう、文章の話でしたね。

鈴木 助かります。ありがたいことです。

山口 困りましたです、もう。

高橋 ぼくもねえ、これはちょっと気が重いんですよ。(笑) でもねえ、まあ、ない知恵を絞ってひとつなにかしましょうよ。(笑)

さっきちょっと考えたんですけどね、いい文章書く人はね、文章書くことが好きなんですね。で、文章を書くことが好きな人は、またいい文章書くんですね、逆に。

——

鈴木 逆に、ですか？

高橋 それが根本じゃないかと思ったですがね。文章はわかりさえすればいいって、よくいう人がいますけどね。悪文でもなんでもかまわないってわけです。内容というか、概念的につかまえられるものがわかりさえすればいいってわけです

——ね。でも、名文ってなると、内容以外になんかありますからね。
鈴木　はいはい、ございましょうね。
——山口　それはございますけど。でも、わかることが大前提ですね。
高橋　そうですね。わかって、しかも流れがあるという。
——鈴木　流れですか。
高橋　文章に、調べっていいますかな、歌でいえばね。
——鈴木　旋律のようなものでしょうか。
高橋　調べとね、ロジックとは相反するんですよね、ほんとうは。調べがあったらロジックは解けちゃいますからね。
——山口　そうですねえ。
鈴木　はあ？　あのぉ。
——高橋　で、ロジックを立てたら、調べが出てこないんですよね。その相反する二つのものをギュッと一つにまとめたのが名文だと、ぼくはそう思うんです。
鈴木　あの、先生。
——山口　ハハハ、結論が出ましたようですから、このへんで。(笑)
鈴木　ちょ、ちょっと待ってください。こういうことですか、ロジックも調べもどちらも先になっても後になっても、具合が悪いっていうことでございますか。ぎゅっと一つに、ということは、同時にっていうことですか。一体になってなきゃいかんものなんでございますね。

高橋　結局、いい文章ってものは、なにか論理に反するものを、論理といっしょにギュッと持ってるものなんでしょうね。

鈴木　ギュッと一体にして出す人が名文家っていうことでしょうか。

高橋　肉体と精神みたいなものですね。

鈴木　なーるほどね。

高橋　精神から見ればね、あらゆる人生の行為は悪であるっていう文句がありますよ。

山口　はァ……。

鈴木　ドイツの哲学者のどなたの文句です？

高橋　で、まあ、

鈴木　無視されちゃった。

高橋　人生の行為の側から見れば、あらゆる精神はニヒリズムなんですね。

鈴木　ドイツ文学者は、すぐ、並の脳みそを煙《けむ》にまきますね。

山口　アハッ。わたくしも、精神と肉体は非常に乖離《かいり》して……。非常に高尚ない い夢を見たと思ってね、朝目が覚めたら、女房が、「ゆうべ寝言いってたわよ」なんて。「なんていってた」っていったら、立ち上がって、「しょうちゅうっ」ていってまた寝たっていうんですよ。（笑）こっちは非常に高級な夢見てたんですよ、そのときはね。そういうことあります。肉体は裏切りますね。

鈴木　名文の話は、どうなりますの。

高橋　どうもうまくいかないですねえ。

お粗末さまですが、という塩梅の割り込み読みです。

このトライでは高橋先生のほうに絡んでみましたが、コピーライターの先輩後輩であることをいかして山口先生のコピーライター時代に書いたトリスのコピーなどを使って絡む割り込み方もあるでしょう。

バラシ読み

私は忘却癖が強いせいもあって、メモが頼りの暮らしをしています。昔からそうです。それが私の文章作法のベースにもなってしまいました。

20年ほど前に先輩コピーライターの多比羅孝さんと『メモ式 気のきいた文章の書き方』（巻末資料47）という本を出しました。売れずに絶版になってしまいましたが、いい本のつもりでした。

メモなら誰でもできますからね。そのメモを丹念に紡いでいくと誰にでも文章は書けますよ、という文章作法でした。メモとは冷蔵庫の中の料理素材のようなものです。いい素材をふだん手に入れ、備えておき、美味しく食べて（面白く読んで）もらおうと、選んで、それぞれに下ごしらえし、味つけし、取り合わせ、そしておいしそうに盛りつける、ご馳走の調理と文章作法とはとてもよく似た仕事だからです。

料理以外にもよく似ている仕事がいろいろあります。どんな仕事があるか、ここで「考え読み」をしてくださいね。

その本の中で私は「パッチワークキルトのように文章は楽しんで書ける」と1項の小見出しを書き、次のような実験をしてみました。

直木賞作家で、アメリカものの翻訳家であり、コラムニストでもある常盤新平さんの『コラムで読むアメリカ』（巻末資料49）という本の中に「ザ・モデル」という1編があります。

これから私は、デスクを裁縫台と見なして、「ザ・モデル」をバラバラにほどいてみます。そして、それをパッチワーク法で紡ぎ戻してみます。

裁縫台の上に大小2つの素材カゴを用意しました。

大きいほうのカゴには、スージー・パーカーと彼女の主演映画『秘めたる情事』に関する8つの素材を入れました。

---

①スージー・パーカーは名も知らぬ女優だった。
②1950年代のトップ・ファッションモデルだった。
③「ヴォーグ」や「ハーパース・バザー」の表紙モデルだった。
④写真家はリチャード・アヴェドンだった。
⑤映画『秘めたる情事』。観たのは昭和29年ごろだった。B級映画だった。
⑥ベストセラーになった大長編小説の映画化。老政治家と若い女性との恋物語。
⑦主演男優はゲーリー・クーパーだった。
⑧パーカー演じるニューヨークの女に魅了された。
⑨パーカーの顔のソバカスが印象的だった。

小さいほうの素材カゴには、新平さんの青春時代の個人的な体験に関する話の素材を5つ入れました。

---

⑩映画を観た1、2年後、神田古本街で「ヴォーグ」「バザー」「ニューヨーカー」などの雑誌でパーカーの写真を見るようになった。

⑪魅力的な人種、ニューヨーカーと出会った。なんという都会的で洗練された人々だろうと思った。

⑫ソフィスティケーテッドというニューヨーカーの選良《エリート》を表す英語を知った。

⑬パーカーがキッカケとなってアメリカの雑誌に興味を持つようになった。

13の素材のそれぞれのつながりをイメージしながら、型どったり、切りそろえたり、アクセントになるような色生地を縫い足したり、という作業をします。

⑤と⑥と⑦を縫い合わせると、次のような1枚になります。

昭和二十九年ごろ、『秘めたる情事』というゲーリー・クーパーの映画を観た。クーパー扮する老政治家と若い女の情事を描いたB級映画である。大長編小説のべ

ストセラーの映画化だったが、しっとりとした、小味な映画だった。

――⑧、⑨、⑪で1枚。

私はクーパーよりも、彼の恋人役の女優に注目した。ニューヨークの女という感じだった。都会的で洗練されていて。彼女のソバカスまで魅力的だった。

――①、②、⑧、⑫で1枚。

私はそのころ「ソフィスティケーテッド（粋な）」という形容詞も、粋な週刊誌といわれた「ニューヨーカー」のこともまだ知らなかった。単純に、彼女に憧れたのである。彼女の本業がファッション・モデルであることも知らなかった。

――②、③、⑩、⑬で1枚。

1、2年して、神田の古本屋に積んである汚れた「ヴォーグ」や「ハーパーズ・

バザー」といったファッション雑誌の表紙で彼女をしばしば見かけるようになった。そのカバー・ガールの名前はスージー・パーカー。一九五〇年代の「ザ・モデル」といわれた天下の美女である。

4枚を縫い合わせてみましょう。⑩〜⑬から、

わが青春の「ミス・ニューヨーカー」である。

なんていう1文もどこかに縫い込みましょう。

4枚をつなぎ合わせていくと、それなりに1つの話にはなります。

しかし、どうも書き手のことばかり、個人の思い出ばかりだということが気になります。こういう気づき（チェック）が文章を書く上でだいじな作業です。いい素材を活かすも殺すもこのチェック次第です。1つ気づくと、次々に気づいていきます。

良き時代のニューヨークに花開いた天下の美女を語りながら、たった一片のスライスとはいえアメリカ史を語るにしては、文章の出来に華がない。

あの名コラムニスト、常盤新平さんは、数ページ前の対談で高橋先生がおっしゃっ

た「ギュッ」の知識とセンスと技を持っています。

アメリカという国は歴史はまだ短いけれど、その文化史の要所要所には美しい重要な女性が存在しています。常盤さんは記憶の倉の中に「レディース・ホーム・ジャーナル」という有名な雑誌に関するいい話を持っています。この雑誌の編集コンセプトをメインに縫いつけました。そして、シメは④です。

かくして、常盤新平さんの名篇「ザ・モデル」に戻ります。

「レディース・ホーム・ジャーナル」という女性雑誌の主張はたしか「女の力をみくびってはいけない」だった。女の力は偉大であると私も思う。私がアメリカの雑誌に興味を持つにいたった動機はいろいろあるけれども、一つは女である。一人の女がいたのである。

昭和二十九年ごろ、『秘めたる情事』というゲーリー・クーパーの映画を観た。クーパー扮《ふん》する老政治家と若い女の情事を描いたB級映画である。大長編小説のベストセラーの映画化だったが、しっとりした、小味な映画だった。

私はクーパーよりも、彼の恋人役の女優に注目した。ニューヨークの女という感じだった。都会的で洗練されていて。彼女のソバカスまで魅力的だった。私はそのころ「ソフィスティケーテッド（粋な）」という形容詞も、粋な週刊誌といわれた「ニューヨーカー」のこともまだ知らなかった。単純に、彼女に憧れたのである。彼女の本業がファッション・モデルであることも知らなかった。

それから一、二年して、神田の古本屋に積んである汚れたヴォーグやハーパーズ・バザーといったファッション雑誌の表紙で彼女をしばしば見かけるようになった。そのカバー・ガールの名前はスージー・パーカー。一九五〇年代の「ザ・モデル」といわれた天下の美女である。てれくさいが、わが青春の「ミス・ニューヨーカー」である。五〇年代のこのトップ・モデルを当時盛んに撮りまくっていたのが写真家のリチャード・アヴェドンだった。

名文のバラシ読み&パッチワーク法の例文にしてしまって、常盤さんには失礼なことをしたことになるかもしれません。でもじつは、パッチワーク法を文章作法の一つとして明かしたのは常盤さんご自身なんです。別なコラムに次のような1文があったと、私のメモ帳に記してあります。

―翻訳の仕事のかたわら、アメリカについて雑文を書いてきた。本や雑誌や新聞を

――読んで、紹介を兼ねながら、好きなことを書いている。いろんな資料をつなぎあわせるのだから、パッチワーク（つぎはぎ細工）といっていい。

これを読んだとき、わが意を得たりの思いでした。パッチワークとは、文章作法にふさわしい、なんとセンスのいい呼び方でしょう。

メモ式文章作法

原稿を頼まれるとき、４００字詰め原稿用紙で何枚とか、８００文字というふうに文章の長さを条件づけられます。広告コピーの場合はデザインされますから、何字詰め何行と指定されます。私は週刊誌の見開きにエッセイを連載していますが、これも縦組みで何字何行と決まっています。

私はこれから書く原稿を文字の四角い面だと考えるくせがついています。四角い土地だと思う場合もあります。話の流れやテーマ展開を考え、その中の単語をメモ書きしていきます。このキーワードをほぼこのあたりと見当をつけて書き込みます。はじめは単語ですが、センテンスにしていきます。タネを蒔いて、それを育てるような感じです。センテンスとセンテンスをくっつけて、くっつくように、加工します。常盤さんの実験でやったようにです。そのうちこれは四角い紙面に入りきらないぞと思われてきたり、限られた土地の中で過密になって、見にくくなるぞと恐れられたりしてきます。そうしたら優先順位をつけてバッサバッサと抜いて捨てます。間引きです。内容としてはこれ以上抜けないけれど、四角から1、2行はみ出す場合は、言葉を変えたり、間引きしたりして入りきるように調整します。

これがメモ式です。メモから一面の文章に育てる、易しい文章作法です。タネ蒔き&間引き法とも言えます。

読書のメモぐせ

本や新聞を読んでいて、いい言葉、いい1文、知らない言葉、読めない文字などに出会ったら、即、メモ読みか調べ読みをします。皆さんにもすすめます。知らなかった文字や言葉や考えを覚えて、知識となります。誰の法事でしたかお和尚さんが説話で「経の中の知らないことを覚えると、知識となるのではありません。人間になるのです」とおっしゃられ、一瞬脚のしびれの辛さを忘れたことがあります。「人間になる」とは嬉しいことをおっしゃる。速読、速書きの人にはできない、なれない、スロー&フリー・リーディングの人ならではの恵みです。

本でいい言葉、いい1文に出会ったら、私はそのページの下の角を三角に折ります。左ページの左下を折って、次の右ページでまたいい1文に出会ったら右上を三角に折ります。折ると、紙は2枚分になります。そこで、本を閉じたとき、下の角が厚くなってふくらみます。この厚みがその本の私にとっての感動の度合い、満足の厚みとなって、目に見えるようになります。

いい本を文庫本で読んだとし、心にグッときたところが50ヶ所あったとしますと、250ページの文庫本の角が、300ページ分の厚さになります。これはこのままにして書棚に収めます。いい本ほど奥の下のほうが幅をとりますから、背文字のほうに隙間ができやすく、その本を頻繁に取り出しやすいという寸法です。いい本ほど繰り返し読みをしたいから便利です。

しかし、あまり折り印が多いと分かりにくくなります。なかでもだいじなページには最小サイズの付箋をつけ、付箋が本から飛び出している5ミリぐらいのところに単語のメモを記しておきます。

メモ読みをしていると、自分がメモしていることにいくつかの傾向や類《たぐい》があることに気がついてきます。色というものの意味についての情報や、象徴的な処世術、天候表現の面白言葉などなど。そうしたらノートにメモを書き溜め、整理しておきます。

あるとき、日本語には人間や人体の部分を使った絶妙な慣用句が数々あることに気づき、メモを集めました。それをつなげ、並び替えているうちにナンセンスな駄文（巻末資料47）になりました。

人を食った話

海老で釣った鯛は、まず、胸を突いて、腹を割り、尻を割り、手塩にかける。口を割ったら、足を洗うのは早いほうがいい。

目ん玉は剝くが、耳はふさぎ、肝は冷やしておく。頭を丸め、肩を落とし、骨を折り、骨身を削り、下味に人情をからめて、身を固め、話をまぜっかえし、面目をつぶしておく。このとき、気を揉んで、舌を巻き、少々粉をかけて頭の隅においておくことを忘れると、赤面し、首をすくめることになるから要注意。

顔から火が出たら、爪に火をともし、手を焼き、さっと手の平をかえす。途中で水をさし、味をしめたら、なかなか煮えきらないものは、鼻をつまみ、首を切ってしまう。身をこがし、胸をこがしたところで、油をしぼり、煙に巻いてしまう。

食べ方にはいろいろあるが、まず固唾をのんでから、臍をかじり、ほぞを噛むのがいちばん。泡を食ったら、サジを投げ、指をしゃぶる。お鉢が回ってきたら、同じ釜の飯を食うに限る。歯が立たないものは、食ってかかってもおいしくない。煮ても焼いても食えないものは、奥歯にものがはさまるように、口が酸っぱくなるまで、嚙みくだいてやるとよい。

へそで沸かしたお茶は、適当に濁しておいてよいが、本当は清濁あわせ飲むのが通である。

またしてもお粗末さまでした。

造語の嗜み

前著『名作コピーに学ぶ読ませる文章の書き方』でも触れましたが、「肩が凝る」は夏目漱石の造語なのだとか。Wikipedia（巻末資料49）には、漱石の言葉遊びや造語の実例がつぎのように紹介されています。

言葉遊び
夏目漱石の作品には、順序の入れ替え、当て字等言葉遊びの多用が見られる。
例
- 単簡（簡単）
- 笑談（冗談）
- 八釜しい（やかましい）
- 非道い（ひどい）
- 浪漫（ロマン）
- 沢山（たくさん）等

「兎に角」（とにかく）のように一般的な用法として定着したものもあると言われている。しかし、たとえば「バケツ」を「馬尻」と書くのも当時としてはごく一般的であり、「単簡」なども当時の軍隊用語であるなど、漱石固有の当て字や言葉遊びであるということは、漱石以前のすべての資料を確認しない限り、確定はできない。

造語

「新陳代謝」、「反射」「無意識」、「価値」、「電力」、「肩が凝る」等は夏目漱石の造語であるとも言われている。特に、漱石が「肩が凝る」という言葉を作ったがために、多くの日本人がこの症状を自覚するようになったとも言われている。しかし、学術的に「漱石の造語」であると言える言葉はまだ一語も確認されていない。

第2部でも書いたように、漢字熟語は日本語です。誰かが漢字と漢字を組み合わせて作り、それがみんなに受け入れられ、馴染まれて今日に至った言葉です。どんどん作りましょう。誰にでも作れます。「無意識」「反射」など、じつにもっともな熟語ではありませんか。

昔から「健康」でない状態をもっぱら「不健康」としか言わなかったのに、誰かが数十年前に「非健康」と言ったのです。「健康」ではないけれども、さりとて「不健康」と決めつけるほどでもないという多くの現代人の状態を指すうまい新語でした。

私もいろいろ作ってきました。たとえば、新語「踏覚」「語覚」です。

語覚を養おう

視覚、聴覚、嗅覚、味覚、触覚。6番目の感覚として第六感。江戸時代には「ろく、が利く」という言葉があったそうです。主に商人の能力だったそうですが、今日で言うKYの反対として使われたかもしれません。

五覚のうちの触覚は主に指先や頬や肌で感じとるものですね。私はゴルファーです。ゴルファーは歩きます（最近はカートで乗り回るゴルファーがいますが）。よく整備されたアメリカの人工的なパームスプリングスのフェアウェイと、本場スコットランドの岩盤の上のリンクスコースと、日本の超一流の名門コースと、よく冠水する河川敷コースとでは、それぞれに異なる靴の裏を通しての触覚があります。土質や芝の品種や刈り高の違いがあります。天候でも異なります。これを早く感知することがうまくプレーする上での大きなファクターです。また、いい感触そのものがゴルフの楽しみの一つでもあります。そこで、私はこの感覚を「踏覚《とうかく》」と名づけました。

最新作は「語覚」です。10代の若いスポーツマンに触発されました。

一人は、09年、花巻東校から米国球団入りも噂されながら西武に入団した菊池雄星君。その記者会見で、涙を流しました。記者から、渡米の夢を断念したからか、と聞

かれて、彼は、

――1年生のときからずっと見に来てくれていたスカウトの人が、がっくり肩を落としたのが目に浮かんだからです。

と答えたのです。なんと思いやりのある優しい若者でしょう。つぎに、どんな投手になりたいか、と聞かれました。ふつうなら「工藤さんのような」とか、「松坂さんのような」と答えるところでしょう。彼はこう言いました。

――負けた投手にあいつに負けたんならしょうがない、と言われる投手になりたい。

いまにしてすでに敗者への思いやりがあってなお、勝つことへのたいそうな自信をちゃんと披瀝《ひれき》しています。これほどの表現能力のある新人はいままでいなかったと思います。

そして、18歳にしてプロゴルフの賞金王になった石川遼君。彼が大人たちの心を魅了しているのも言葉です。最近はとくに女子プロを中心に若くて、人気があって、はきはきと明瞭に、流暢にコメントを口にする選手が増えています。しかし、厳しい言い方になりますが、はきはきとしているだけで、そのとおりで、場合によってはマニュアルどおりで、聞いた後に耳に残るものがありません。ところが石川遼君のコメントにはあとに残る味わいがあって、唸らされます。

――ジュニアの舞台をこのまま去ってしまうのは寂しい。(07年)

――ことしはことしの物語ができあがればいいと思います。(08年)

――いきなり出てきた高校生を、皆さんが快く応援してくれるのに悔しいです。(08年・予選落ちのあと)

――予選通過のレベルも分からない者が、順位を口にするのは、皆さんに失礼だと思います。(09年・マスターズに招待されて)

――毎日ドライバーという宿題をやってきた。そのテストの場だと思います。(09年・

全米プロ）

——ルールを知らないなら仕方がないけれど知っていたのなら悲しい。マナーを守っているギャラリーが可哀想です。（09年・ケイタイカメラの音がして）

——マスターズの招待状を貰っただけで喜ぶのは、あと何回かにしたいです。（10年）

コピーライター顔負けの言語感覚です。で、私は彼を言語感覚を豊かに養っている青年だと思わざるを得なくなりました。08年、プロ初優勝の記者会見で言ったつぎのコメントを耳にして、ハハーンと思いました。

——頭で思っているだけじゃなく、口に出して言うようにしています。

本書のトレーニングで私が皆さんにすすめたかったのはこれです。

感じたもの、見たもの、聞いたものを絶えず言語に置きかえる習慣です。それは言葉をたくさん知っているという語彙の能力以前のことです。雄星君や遼君のコメントはふつうの言葉だけではありませんか。それなのに、聞く耳に残るものがあるのはなぜでしょうか。

自分の中を、自分の立ち位置を、他人を、周辺を、自他の関係を、いつも考えている。それを思っているだけでなく、言語にして考えているから、質問されて「えー」とか「そうですね」なしに、いきなり彼だけの頭から出てくる言葉が出てくるのです。それが、いいことを言う。彼らの中には「語覚」があるからだと思うのです。

「語覚」はトレーニングで養えます。

雄星君も遼君も、本が好きです。読書家です。私はこの目で見て知っています。コミックも好きかもしれません。でも、ふつうのコミック若者やコミックパパのような流し見読者ではないはずです。1話1話の感動をちゃんと「語覚」で受け止めているはずです。

「いいな」と感じたら、これはなんという言葉で伝わる良さなのか考えて、言葉をさがしましょう。なんでもかんでも「カワイイ!」ではいけません。「美味しい」と感じたら、なんという言葉で言えば作った人が喜ぶ言葉になるのか。「スッゴクうまい」じゃないと思うのです。

語覚は日本語の誇り

日本という四季ある美しい国に育った私の語覚からすると「地球温暖化」という言葉はありえないのです。前著でも触れましたが、もう一度。本書では、私が洞爺湖サミットの前に官邸に送ったメールを披露します。

コピーライターの鈴木康之と申します。

「地球温暖化」について一言申し上げます。

現在発売中の雑誌『広告批評』４月号の巻頭で天野祐吉さんが私の最近の発言を取上げて、「温暖化」という言葉がここまで行きわたってしまったらもう手遅れかも知れない。でも、天野さんは鈴木が言い直せと言っている「地球高熱化」と言うことにする。できるだけ言いふらそうと思う、と書いておられます。（略）

「地球温暖化」はGlobal Warmingの日本語訳でしょうが、日本人の自然感覚をまったく分かっていない人の訳語です。四季のある日本人にとっては「温」も「暖」も「温暖」も、心地よい有り難い文字であり、恵みの言葉です。嫌だ、困ったという響きはありません。Global Warmingとは、アル・ゴアさんがキャンペーンのサブフレーズとして語呂合わせでA Global Warningと言ったように、警告的、緊急警告的な意味を持って叫ばれなければならない言葉です。「温暖化」などというのどかな響きの日本語は、コミュニケーション上、効果を無視した誤訳です。キャンペーン用語としては不適切語です。政治家、マスコミ、知識人、学者、世の中がそこに気づかずに毎日繰り返し使っていることに首をかしげざるを得ません。

私たちPRの専門家、コピーライターが知恵を求められていたら「地球高温化」か「地表加熱化」と、その恐ろしさと緊迫感の感じられる日本語のキャンペーン用語を提案していました。

まことに無神経な役人言葉「後期高齢者医療制度」の不適切に気づかれた福田さんが通称を「長寿医療制度」と改めさせたのは、遅まきながら適切な処理でした。Global WarmingとA Global Warning問題はまだまだ続く先の長い問題です。いまからでも遅くはありません。洞爺湖サミットのようなタイミングが願ってもないチャンスです。国のリーダーから言い直しをメッセージしてください。

（略）

反響はありませんでした。返信もありませんでした。あるテレビ局の朝のワイドショーにも提言しましたが、届きませんでした。民主党が政権をとったときもチャンスでしたが、野暮用に追われていて、不覚にも好機を逸しました。ま、でも戦争を放棄した国だと言いながら「国家戦略」などという戦時用語を役所の名前に平気で使うような、語覚のない政治家たちには通じない話でしょう。

新聞やテレビが「地球温暖化」を繰り返し使うことに不快感を覚えます。そして「おかしいね」という声がマスコミの内にも外にも起こりません。人々の語覚が眠ったままで、目を覚まさないのが不思議でなりません。雄星君と遼君に言ってもらいましょうか。

造句の嗜み

昔の日本人は四文字熟語などを作って、書にし、額に飾る嗜みがありました。かならずしも経典や古漢詩からの引用ばかりではなかったと聞きます。

言語表現のトレーニングは短文からのほうが易しいでしょう。川柳が大流行です。新格言づくりのコンテストもよくあります。ぜひやってみてください。

さて、そろそろフィナーレです。私のお粗末さまをもう一つ、読んでいただいておしまいにします。

かつて某大手家電メーカーの宣伝部と長くおつきあいしていました。その担当者にアートディレクターの今岡忠篤さんがいました。いい広告作品をいっぱい作り、多くの広告賞もとっていましたが、一方、自宅では書をやっていました。中国まで行って墨や硯を求め、日本内外を歩いてよい和紙を探し求めていました。

般若心経に心うたれ、会社を定年前に退社。写経の書の制作生活に入り、地道に個展を開いています。

柔和で、大声を出さない人で、話上手で、聞き上手。私は今岡さんと一緒にいる時間は、私の中にある良い子の部分だけの人間になるように努めていました。今岡さんも、少しは私のことを気にかけてくださるようで、お会いする時間に恵まれると、お互いにとっておきのいい話を下ごしらえして行って、2人の時間の味わいを濃いものにしていました。

あるときおいしいお茶を飲みながら、英国の登山家（エドマンド・ヒラリー卿だったと思います）が、「事無き下山をもって登山と言う」と言ったとか言わなかったとかという話になりました。登頂して国旗を掲げて、万歳して成功なのではなくて、全員無事下山、わが家のベッドに横になって、ようやく登山は成功したと言えるんだと。今岡さんも私も口には出さないけれども、「人生」の理想を思って、しばし快い沈黙とよく淹れられたコーヒーをすすっていました。

またある日、私は書家に意地悪を思いつきました。書ってのは、漢字やひらがなにさまざまな形があるから、形のいい書になるのでは、と。そこで、もっと素朴に、「一」という字を書いてください、と。それでは単純すぎるから、もっと難しく、

一　二　三　三　二　一

と書いてくれませんか、と注文を出しました。

横棒だけですからね、どう書くのだろうと、意地悪半分、期待半分でした。

今岡さんはしばらく黙って考えていましたが、やがて顔を緩めて、「少々お時間をください」と言いました。

登山の話はしましたが、「一二三三二一」が「望ましい人生」を意味する造句であることは一言も話しませんでした。口にしなくても分かりあえているからです。

人によっては「一二三四」まで登りつめながら、そこでストンと止まるとか落ちる

かとか。名刺の肩書きや会社のバッジがとれたらただの人になるとか。そんな嫌な話は口にすべきではないことを、２人ともちゃんと承知の助。

人のことよりも、自分の折り返し地点の位置づけを、自分自身の「三二一」のことで２人とも心が忙しいのです。「二は二なりにやりませんとね」とか「もう一に近い二ですよ」といった会話で笑いあうのです。

夏目漱石には敵いませんが、私なりに気に入っている造句が、見事な「文字」になりました。意地悪も言ってみるものです。

書／今岡忠篤

あとがき

あとがきといっても、あとはもう感謝しかありません。

冒頭に書いたように、本書へのモチベーションを高めてくださった前著『名作コピーに学ぶ読ませる文章の書き方』の読者の皆さん。

掲載、転載、引用をご承諾してくださった作家、エッセイスト、執筆者の皆さん、版元の皆さん、コピーライターの皆さん、いまは亡きコピーライターの皆さん、アートディレクターの皆さん、取り次いでくださった秘書の皆さん。

書体設計家の皆さん。ご無沙汰している書家・今岡忠篤さん、コピーの先輩・多比羅孝さん。

前著からの道をつくってくださった日本経済新聞出版社文化出版部の白石賢さん、この文庫のご担当の、白石さんに輪をかけて優しい大竹教史さん、高橋華林さん。

カバーデザインの鈴木成一さん、西村真紀子さん、組版デザインをしながら私の誤字脱字を直してくれた阿部公彦さん。あ、それに図書館通いをしてくれた奥さん。

それからそれから、読んでくださったあなた。

思えば30年前、私にボティコピーへの道を作ってくださった『名作コピー読本』の
版元の編集長、恩人、須永和親さん。
お礼を述べることをしてもらった人間ほど、幸せ者はいません。
ありがとうございました。

資料

1　鈴木康之『名作コピーに学ぶ読ませる文章の書き方』日経ビジネス人文庫
2　岩崎俊一『幸福を見つめるコピー』東急エージェンシー
3　夏目漱石『こころ』新潮文庫
4　井上靖『猟銃』新潮文庫
5　鈴木康之『名作コピー読本』改訂版『新・名作コピー読本』誠文堂新光社
6　小駒勝美『漢字は日本語である』新潮新書
7　川人正善ブログ「らくごるふ」http://blog.hokkaido-np.co.jp/rakugolf/
8　平出隆『猫の客』河出文庫
9　東野圭吾『秘密』文春文庫／ほか
10　浅田次郎『月のしずく』文春文庫／ほか
11　太宰治『ヴィヨンの妻』（『ちくま日本文学００８　太宰治』）筑摩書房
12　東京コピーライターズクラブ編『コピー年鑑』１９６２～１９９８年誠文堂新光社
１９９９～２００１年宣伝会議
２００２～２００３年六耀社
２００４年以降宣伝会議

13 『広告批評の別冊① 仲畑貴志全仕事』マドラ出版
14 カレル・チャペック／小松太郎訳『園芸家12カ月』中公文庫
15 玉村豊男『アユ』「週刊文春」昭和59年6月7日号
16 藤原正彦『遥かなるケンブリッジ──数学者のイギリス』新潮文庫
17 夏坂健『ナイス・ボギー』講談社
18 村越英文『そりゃナイダロウ』「オール讀物」昭和57年10月号
19 山浦玄嗣『ふるさとのイエス ケセン語訳聖書から見えてきたもの』キリスト新聞社
20 山浦玄嗣『ケセン語訳新約聖書／四福音書・全四巻』キリスト新聞社
21 ひろさちや『般若心経入門 生きる智慧を学ぶ』日経ビジネス人文庫
22 柳田国男『日本の昔話』新潮文庫
23 アンデルセン／矢崎源九郎訳『絵のない絵本』新潮文庫
24 與謝野晶子訳『全訳源氏物語』角川文庫
25 谷崎潤一郎訳『潤一郎訳 新々訳源氏物語巻一』中央公論社
26 円地文子訳『源氏物語(一)』新潮文庫
27 瀬戸内寂聴『わたしの源氏物語』集英社文庫
28 瀬戸内寂聴『新装版 源氏物語』講談社
29 上野榮子訳『源氏物語 第一巻』日本経済新聞出版社

30 橋本治『窯変　源氏物語1』中央公論社
31 佐復秀樹訳（重訳）『ウェイリー版　源氏物語』平凡社ライブラリー
32 江國香織（夕顔）、角田光代（若紫）、町田康（末摘花）、金原ひとみ（葵）、島田雅彦（須磨）、桐野夏生（柏木）、小池昌代（浮舟）、日和聡子（蛍）、松浦理英子（帚木）『ナイン・ストーリーズ・オブ・ゲンジ』新潮社
33 榊原貴教作成「ハムレット翻訳作品年表」http://homepage3.nifty.com/nada/Hamlet.html（2010年3月10日閲覧）
34 小津次郎、関本まや子訳『シェイクスピアの言葉』（『人生の知恵シリーズ2』）彌生書房
35 坪内逍遥訳『ザ・シェークスピア 愛蔵新版―全戯曲』『ハムレット』第三書館
36 小田嶋雄志訳『シェイクスピア全集Ⅲ』白水社
37 木下順二訳『世界文学全集7　シェイクスピア　ハムレット』講談社
38 福田恆存訳『シェイクスピア　ハムレット』新潮文庫
39 木下順二訳『シェイクスピア1　マクベス』講談社
40 福光潤『翻訳者はウソをつく！』青春出版社
41 岩満重孝『百魚歳時記』中公文庫より「赤貝」
42 藤沢周平『ふるさとへ廻る六部は』新潮文庫より「聖なる部分」
43 武田泰淳『新・東海道五十三次』中公文庫

44　池波正太郎『原っぱ』新潮文庫
45　土屋耕一『生活愉快』ポモロード刊より「一級鍋士」
46　高橋義孝・山口瞳『師弟対談　作法・不作法』集英社文庫
47　多比羅孝・鈴木康之『メモ式　気のきいた文章の書き方』明日香出版社
48　常盤新平『コラムで読むアメリカ』大和書房刊より「ザ・モデル」
49　フリー百科事典「ウィキペディア」より夏目漱石 http://ja.wikipedia.org/wiki/夏目漱石
（2010年3月10日閲覧）

本書は日経ビジネス人文庫のために書き下ろされたものです。

日経ビジネス人文庫

文章《ぶんしょう》がうまくなる
コピーライターの読書術《どくしょじゅつ》
2010年5月6日 第1刷発行

著者
鈴木康之
すずき・やすゆき

発行者
羽土 力

発行所
日本経済新聞出版社
東京都千代田区大手町1-3-7 〒100-8066
電話(03)3270-0251 http://www.nikkeibook.com/

ブックデザイン
鈴木成一デザイン室
西村真紀子(albireo)

印刷・製本
凸版印刷

Printed in Japan ISBN978-4-532-19541-0

ビジネス・シンク

デイヴ・マーカム
スティーヴ・スミス
マハン・カルサー

世界的ベストセラー『7つの習慣』の著者が率いるフランクリン・コヴィー社のトレーニング・プログラムが文庫になって登場。

nbb
日経ビジネス人文庫

ブルーの本棚
経済・経営

社長になる人のための税金の本

岩田康成・佐々木秀一

税金はコストです！　課税のしくみから効果的節税、企業再編成時代に欠かせない税務戦略まで、幹部候補向け研修会をライブ中継。

組織は合理的に失敗する

菊澤研宗

個人は優秀なのに、なぜ"組織"は不条理な行動に突き進むのか？　旧日本陸軍を題材に、最新の経済学理論でそのメカニズムを解く！

社長になる人のための経理の本［第2版］

岩田康成

次代を担う幹部向け研修会を実況中継。財務諸表の作られ方・見方から、経営管理、最新の会計制度まで、超実践的に講義。

戦略の本質

野中郁次郎・戸部良一
鎌田伸一・寺本義也
杉之尾宜生・村井友秀

戦局を逆転させるリーダーシップとは？　世界史を変えた戦争を事例に、戦略の本質を戦略論、組織論のアプローチで解き明かす意欲作。